JN106741

子どもを伸ばす言葉 実は否定している言葉

天野ひかり 著
とげとげ。 マンガ

Discover

はじめに

よかれと思ったその言葉が実は子どもを否定していたら？

お母さん、お父さん。
突然ですが、３つの質問です。

質問1　朝なかなか起きない子どもに、なんと声をかけますか？

「おはよう！」

「今日のお天気、最高だよ」

でしょうか？
それとも、

「早く起きなさい！」

「遅刻するよ」

でしょうか？


質問2　子どもがお花の絵を描いていたら、なんと声をかけますか？

「楽しそうに描いているね」

「この花びらきれい！」

でしょうか？

それとも、

「こうしたほうがいいよ」

「本物とちょっと違うね」

でしょうか？

質問3　◯◯しない子どもには、なんと言いますか？
「8時になったら◯◯しようか？」

でしょうか？

それとも、

「どうしてやらないの？」

でしょうか？


どの質問も、オレンジ色の答えのほうがいいに決まっていますよね。

でも、

子どもに自分で起きられるようになってほしい、
上手に絵を描けるようになってほしい、
◯◯できるようになってほしい、

と熱心に願う気持ちがあるからこそ、もう一方の太字のような言葉を言っているお母さんお父さんは多いはずです。

一方で、その言葉の意味を、お子さんは正しく受け止めているでしょうか。

親が発した言葉の奥にある真意は、伝わっているでしょうか。

5万人以上の親子の悩みを聞いてわかったこと

前置きが長くなりました。親子コミュニケーションアドバイザーの天野ひかりと申します。

もともとはテレビ局のアナウンサーとして活動していました。アナウンサーは主役ではありません。ゲストにいかに気持ちよく話してもらえるかが重要で、しかもそのゲストは専門家やタレント、スポーツ選手、一般のお年寄りから子どもまで、バラエティー豊か。さまざまな立場の方の考えを引き出す「話し方」を常に考えてきました。今ではこの経験がコミュニケーションをとる上で、大変役立つものとなっています。

娘を生んで、私生活では母となった頃、NHK「すくすく子育て」のキャスターを務める機会を得ました。

この番組で、私はさまざまな専門家から子どもの発達を科学的に学びました。脳科学、発達心理学、言葉の獲得、睡眠のメカニズムなどなど。子どもの視点に立つといろいろな発見があり、無駄や謎に思えるその行動にはすべてに意味があることがわかりました。子どもが見ている世界を、大人も一緒に見ながら会話することの重要性。この奥深さに魅了されたのです。

これはたくさんの人に伝えなくては！と使命感を覚え、仲間と一緒に「ＮＰＯ法人親子コミュニケーションラボ」を立ち上げ、現在は親子のコミュニケーション力を高めるオリジナルプログラムを作って講座や講演を各地で行っています。

これまでに５万６０００人以上のお母さんお父さん、祖父母や先生、子どもたちにご参加いただいています。

▼実は親の言葉は子どもに正しく伝わっていない

講座に参加されたお母さんお父さんには、先ほど質問したように、「子どもに言った言葉」を書き出していただいています。

すると、

「早く起きなさい！」

「遅刻するよ」

「こうしたほうがいいよ」
「本物とちょっと違うね」
「どうしてやらないの？」

といった言葉がどんどん出てきます。

もちろん、みなさん子どものためを思って言っている言葉ですが、言われた当の子どもたちはこんなことを感じています。

「早くできない自分じゃダメなの？」
「自分のやり方でやってみたいのに」
「別のことに今夢中なんだけど」

よかれと思って言っていた言葉が、こう受け取られていると気づくと、みなさん愕然とされます。当たり前ですよね。幸せな人生を歩んでほしくて正しいことを教えているつもりなのに、子どもは否定されたように聞こえているのですから。とても悲しいことです。

▼「こうすべき」から「そのまま認める」へ視点を変える

講座では、実際にそのギャップを知ってショックを受けるお母さんお父さんはもちろん、日々「やらせる」ことに精一杯で、本当の思いが伝わっていないことに気づき、涙ぐむ人もいます。

いかに、「正しいことを教えなければならない」というプレッシャーを感じていらっしゃるお母さんお父さんが多いことか。

そんな悲劇を繰り返さないためにも、親の真意を子どもに伝えるには、視点を変える必要があります。親の言葉に従わせるテクニックではありません。

「親の言うことを聞かせる言葉」から、「子どもの判断を認める言葉」に変える。

つまり、「こうすべき」という親の価値観から、子ども一人ひとりを「そのまま認めること」への転換です。そのまま認めることは、自己肯定感を育てます。

この言葉の転換ができると、子どもは、自己肯定感が育ち、自分の判断に責任を持ち、考える力を伸ばせます。この繰り返しで、自分に自信を持ち、考え、行動できる「自律する力」を育てることにつながります。最終的には親が指示しなくても自らの力で歩んでいけますね。
これこそが、親が願っていることではないでしょうか。

親が正しいと思い込んでいることは、もう古い正しさなのかもしれません。時代とともに、価値観は変わります。本当に正しいことは、目の前の子どもの中にあるのです。

連日たくさんの悩みやご相談にお応えし、時には一緒に悩み、専門家の先生とディスカッションして20年、「子どもの視点で子どもを丸ごと認める言葉」が、自己肯定感を育て、自律する子どもに成長させると、確信しています。

この本では、多くのお母さんお父さんから実際に相談された悩みの中から、特に多くの方が抱えているお悩みを章ごとに集め、親と子どもの視点の違いについて解説しています。
その違いが明確に伝わるように、ある家族（お母さん、お父さん、ミーちゃん、サトくん）が登場する4コママンガで、NGとOKの言葉を対比して描いています。

NGは自分の古い価値観で言ってしまいがちな言葉で、OKは子どもの立場で捉えた言葉で書いていますので、NGの言葉かけをしてしまったからと落ち込む必要はありません。

どうして言葉が届かないのかと悩むお母さんお父さん、自ら行動する子にならないのかと心配するお母さんお父さん、育て方が悪いのでもなく、お子さんが悪いのでもありません。言葉かけを間違えていただけです。

親の真意を伝えるために、子どもを丸ごと認める言葉に変えて、最高の子育てを楽しみましょう。

「自己肯定感＝生きる力」の育て方

ここからは「自己肯定感」についてもう少し掘り下げていきたいと思います。

子育てで最も大切なことは、「子どもの自己肯定感を育てること」だと思っています。

「自己肯定感っていうキーワード、聞き飽きた……」。と思われるかもしれませんが、実は誤解している方も多いので、本来の「自己肯定感」についてぜひお伝えしたいと思います。

自己肯定感とは、

「わたしは、わたしだから大丈夫」

「わたしは、必要とされている、愛されている」

「わたしは、わたしのことが好き」

と思える、丈夫な心です。

時々「自己肯定感の高い人って、自信満々な人のことでしょう?」と勘違いされる方もいるのですが、そうではありません。

自己肯定感とは、短所と思われる部分も含めて、ありのままの自分を認められる心の状態のことです。

ですから、短所を認められないと、自分をよく見せようとして自信過剰に振る舞ってしまうのかもしれませんね。

自己肯定感が育つと、

①　新しいことに挑戦し学ぶ力
②　努力して壁を乗り越える力
③　相手の気持ちを思いやれる力

が発揮されると言われています。

これは生きる力そのものなので、とても大切です。

▼子どもの「器」を大きくすれば親の言葉は伝わる

私は講演などで、自己肯定感を育てることを「器を大きくすること」と表現しています。

子どもが、身につけるべき知識や情報、社会のルールを「水」とするならば、それを入れる器は、なるべく大きくて、丈夫で、しなやかであってほしいと願うからです。

親がすべきことは、この「器」(自己肯定感)を大きくすることです。

ところが親は、

「それはダメよ」

「○○をしなさい」

と知識や情報、ルール、モラルという「お水」を、まだ育っていない「器」に一生懸命に入れようとしてしまいます。

でも、まだ子どもの器は小さいから、水があふれてしまう。それに気づかず大人はまたお水を入れて、あふれさせて、また入れて……。これでは子どもも親もヘトヘトになってしまいます。

お水がなかなか入らないと、親はイライラします。そして最終的には、

「何度言ったらわかるの！」

となってしまう理由は、こういう状況だったのです。

しかも、お水は、子ども自身が、探して、汲んで、入れることで力を発揮します。ですから親がすべきことは、水を入れるよりも、器を大きくすることです。

日本の子どもは、世界の子どもに比べて、自己肯定感がダントツに低い状態が続いています。（内閣府：子供・若者白書〈令和元年版〉）

「自分に自信がない」「自分は役に立てると思えない」「今の自分が好きじゃない」と半数以上の子どもが答えています。とても悲しいことです。

お母さんは、サトくんの工夫したことを見つけて認められました。

何としても、わが子の自己肯定感を大きく育てたいですね。そのために必要なのはやっぱり「親の言葉かけ」。毎日のお母さんお父さんの言葉次第で、器は、ぐんぐん！大きくなっていきます。


自己肯定感を育てる親の言葉とは、「そのままの子どもを認める言葉」です。長所はもちろん、短所も含めて丸ごと認めることで子どもは、

「わたしはわたしでいいんだ」

と感じ、

「わたしは愛されている」

「わたしはわたしだから大丈夫」

と自己肯定感が大きく育っていきます。

自己肯定感が育めないと、

「わたしを見て見て！」

「ぼくにかまって！」

と常に認められることを望んでしまいます。あるいは、

「わたしなんか……」

と自分の意見に自信を持てず、他の人に左右されたり、依存してしまったりします。これはとても苦しいことです。


成長したときに、子どもがこんなふうに苦しまないように、幼いときから、親がしっかり自己肯定感が育つ言葉をかけていきましょう。最初は大変かもしれませんが、幼いうちに育んだほうがお水を無駄なく溜めていけるので、効率がいいのです。

子どもが、学校や職場、社会で、自律して生きていけるように、「子どもを認める会話」を私たちが磨きましょう。

▼「短所も認める」とはどういうことか

ここまでで、

- 「自己肯定感」を育てる大切さ
- 方法は「毎日の言葉かけ」
- ポイントは、「認めること」

の3つをおわかりいただけたと思います。

講演や講座に参加されたお母さんお父さんも、ここまでの話は大きくうなずいて理解してくださいます。

でも、

「短所も認めましょう」

とお伝えすると、一気に顔色が変わります。

「いいところを認めるのはわかるけど、〝短所〟も認めるってどういうこと?」
「認めるって、ほめることのバージョンの1つじゃないの?」
「子どもがいけないことをしたとき、どうやって認めるの?」
「認めてばかりいたらわがままな子になるんじゃないの?」

「認めるって、何なのかわからなくなってきた……」


新たな疑問が湧いてきましたか？

短所を認めるというのは、つまり、「子どもの判断」を認めることです。くわしくは次章以降でお伝えしますが、「認めるとは何か」が理解できる点が、本書の魅力でもあります。許可でもなく、承認でもなく、黙認でもなく、同意でもない「子どもの判断を認める」とはどういうことなのか。

「認める」概念をくるっとひっくり返すことで、見える世界が変わります。自分の狭い視点から、子どもの視点に変えることで、世界が広がります。


子どもを認めていくことは、親が成長することにつながります。自分の中の偏見に気づいたり、価値観が変わったり、相手の立場に立って物事を見られたりする、新しい自分になれるのです。

子どもとのコミュニケーションは、子どもだけに留まるものではありません。すべての人間関係の基礎なのですね。

次の章からは、より具体的なシーンでお伝えしていきます。
ほめるのでもなく、叱るのでもない、認めるコミュニケーションを探究しましょう。

目次

第1章 子どもの視点に立ってみる言葉

第2章

子どもが自分で考え始める言葉

第3章

子どもの力を認めて伸ばす言葉

第4章

子育ての不安が消える言葉

子どもの視点に立ってみる言葉

何度言っても言うことを聞いてくれずイライラ……。
でも、親から見ると無駄や謎に思える子どもの行動にも、
実はすべて意味があります。子どもの視点に立ち、
子どもの世界が見えてくる言葉をご紹介します。

こんなとき
どうする!?

子どもの自己肯定感は、親の言葉かけで決まる?

▼親にとっての「当たり前」を一度、なしにする

「自己肯定感を育てたいと思っています。でも何をしてあげればいいのでしょうか?」というご相談が増えてきました。

「自己肯定感を育てる時間」が必要だと思うまじめなお母さんお父さんもいます。でもそんな特別な時間は必要ありません。

いつもの言葉かけを「認める言葉」に変えるだけでいいのです。

「認める言葉」をイメージしやすいように、親が子どもに教えたい知識を「お水」、子どもの自己肯定感を「器」にたとえて説明しますね。まずはよくある会話をNGマンガで見てみましょう。

お母さんは、「片付ける」大切さを教えたいと思っています。お父さんも「着替える」ことを教えようとしています。どちらも子どもにできるようになってほしいこと。正論です。

でもちょっと、子どもの視点で考えてみましょう。

遊んでいるように見えても子どもは今、積み木をどうやったら高く積めるのか挑戦中です。微妙な平衡感覚や指の感触を駆使して、丁寧に積み木を置くことに集中しています。

そんなときに、お母さんは「片付けの水」を、お父さんは「着替えの水」を一生懸命に入れようとしています。でも器（自己肯定感）がまだ小さいので、あふれてしまって入らず、子どもが言うことを聞いてくれないのでイライラしてしまいますね。

お母さんお父さんがすべきことは、お水を入れる前に、器を大きくすることです。
器は、子ども自身がやっていることをそのまま認められることで育っていきます。

なぜなら、子ども自身が誰に言われたわけでもなく、自分でやりたいことを見つけて、工夫してできるように努力していることを認められることで、「そのままの自分でいいのだ」と自己肯定感を育てていけるからです。

これこそ親が子どもに、生涯をかけて身につけさせたい力のはず。
それを親自身がやめさせては、もったいないと思いませんか？

親がすべきことは、正論を言うことではなく、まずは、子どものやっていることに気づき、認めて自己肯定感を育てることが先です。ＯＫマンガを見てみましょう。

お母さんお父さんには、ただ遊んでいるようにしか見えないことでも、子どもの挑戦（この場合は積み木を今までより高く積むこと）に気づき、認めることで、器は大きくなっていきます。

▼認められれば認められるほど、地頭のよい子になる

自分を認めてもらった後で、親（相手）のしてほしいこと（片付けること）を認められるようになります。つまり育った器（自己肯定感）には、お水（知識や正論）がたくさん入るのですね。この順番が重要です。

「認める」というのは、それはいい、悪いと、と評価することではなくて、子ども自身の判断をそのまま認めていくことです。それによって、無条件に自分は認められている、愛されていると感じて、自己肯定感が育っていきます。

認めてばかりいたら、善悪がわからなくなるのではないかと心配になりますが、自分の判断を認められることで、自分の行動を考え、相手の立場を認めることもできるようになります。そして人に左右されたり依存したりせずに、自分の意見を育てていけます。

もちろんマンガのように、1回でうまくいくのは難しいでしょう。でも、丁寧に順番に言葉かけを繰り返すことで、「地頭がいい人」とか「器が大きい人」に成長していきます。

最初は小さな器も、親の言葉かけによって、無限に大きくすることができるのです。

今日から言葉かけを変えて、自己肯定感の高い子どもに育てましょう！

POINT

正論を言い聞かせるより先に、子どもを認めて自己肯定感を育てよう

NG

何度言ったらわかるの⁉

OK

(子どものやっていることを見て)いいよ!(と認める)

こんなとき
どうする!?

「やりたくない!」と言われたら、そのまま受け入れたほうがいい?

▼子どもの「やりたくない!」の本当の気持ち

「**わが子は、なかなか新しいことに挑戦できません。**先日も公園の遊具で遊ぶお友だちを遠くで見ていたので、優しく、『やってみたら?』『がんばってみたら?』と促したのですが、『やらない!』と言われてしまいました」

こういったご相談を受けることがよくあります。**「やりたくない」と言う子を、どう認めたらいいのでしょうか。**

「やりたくないなら、やらなくていい」と伝えることが、本当に認めることになるのか、考えてみましょう。まずは、よくある会話を左のNGマンガで見てみましょう。

何度か促してみて、それでも「やりたくない」と言われたとき、認めることが大事だと思って「そっか、やりたくないのね」と言ってはみたものの、なんだか、モヤモヤしますね。

なぜなら、**「やりたくないのね」という言葉は、子どもの本当の気持ちを認めているわけではないからです。**どういうことでしょう？

▼「やりたくない！」の中には、いろいろな種類の思いがある

実は、子どもの「やりたくない」には、いろいろな種類があるのです。子どもの視点に立って「やりたくない」を丁寧に紐解いていくと、子どもの本当の気持ちが見えてきます。

ＯＫマンガを見てみましょう。

お母さんとお父さんが、ミーちゃんの本当の気持ちを丁寧に聞いていますね。

「今は、やりたくないけど、ママがやった後ならやりたい」
「１人ではやりたくないけど、パパと一緒ならやりたい」
「お気に入りの服を汚したくないから、やりたくない」
「やってみたいけど、みんながいる前では、やりたくない」
「１回だけならやりたいけど、ずっとは、やりたくない」

などなど、子どもの「やりたくない」の一言にも、いろいろなバリエーションがあります。

でも、持っている語彙がまだ少ないので、うまく表現できずに、「やりたくない！」の一言に集約されてしまうのです。

「やるか」「やらないか」ではなく、その間の気持ちが大事なので、子どもの「やりたくない！」という言葉に惑わされないようにしましょう。

▼子どもの気持ちを言葉に置き換える

「やりたいか、やりたくないか」の2者択一ではなく、お母さんお父さんが、その気持ちの一つ一つを言葉に置き換えていくことがポイントです。

それが、子どもの本当の気持ちを見つけることになり、その気持ちを認めることで自己肯定感が育ちます。そして、どうやったら新しいことに挑戦できるのかを見つけることになります。

しかも、この繰り返しで、お子さんもまだうまく言葉にできない自分の気持ちを、言葉で表現する力もついていきます。

地団駄を踏んでわがままを言ったり、お友だちに手が出てしまうのも、自分の気持ちをまだうまく言葉で表現できないから。

気持ちを言葉に置き換えていくお手伝いをしていくと、言葉で会話できるようになっていきますよ。

POINT

「やりたくない！」の言葉の奥にある本当の気持ちを一緒に言葉にしよう

NG

わかったよ、もうやらなくていいよ！

OK

そうか、じゃあ、ママと（パパと）一緒にやってみる？

こんなとき
どうする!?

ゲームばかりやっているとき、叱らずにやめさせられる？

▼ゲームって本当に悪影響なの？

ゲームをやりたがったり、YouTubeを観たがるお子さんに頭を悩ませるお母さんお父さんからの相談が増えています。

ゲームをやめるようにと優しく声をかけても、子どもは聞く耳を持たず、結局は怒ってしまって自己嫌悪。挙句に「プロのゲーマーやYouTuberになるからいいんだ！」と子どもに言われてしまって、どうしていいのかわからない……なんてことも。

まずはよくあるシーンをＮＧマンガで見てみましょう。

ＮＧマンガのように、ゲームを無理にやめさせても成長はありません。まずは子どもが何をしているのか興味を持つことから始めましょう。

頑なに「わが家はゲームをさせません！」という声も多いのですが、**実はゲームそのものが、子どもの成績を低下させる科学的根拠があるわけではない**のです。また、ゲームの得意な子どものほうが、さまざまな能力が高い傾向にあるという研究結果も出ています。未来を生きる子どもにとっては、必要なスキルになるのかもしれませんね。

ただし、**ゲームやYouTubeに長時間子守りをさせるのはよくありません。**自分の時間を確保したいという大人の都合で与え続けるのは、子どものコミュニケーション力や社会性を育てるチャンスを奪ってしまうかも。

まずは、「子どものしていること」に興味を持ってコミュニケーションをとりましょう。OKマンガを見てみましょう。

▼ゲームであっても、まずは認める

子どもは、自分のしていること（ゲームやYouTube、勉強、おけいこなどなど）を、お母さんお父さんに認めてもらうことが大好きです。

逆に、悲しくなってしまうのは、放置されていたにもかかわらず、突然やめさせられること。自分を否定されたような気持ちになります。

自己肯定感を育てるためには、たとえ親が嫌なこと（この場合はゲーム）でも、まずは興味を持ってみてください。そして、よい点を認めましょう。

ここで言う「認める」は、ゲームを黙認することではありません。わが子の集中力や反射力など、お子さんをよく見て、よい点を言葉にすることです。

クライマックスの途中でやめさせたり取り上げたりすると、欲が満たされず、いつまでも「やりたい！」「クリアしたい！」と執着するようになってしまいます。クリアするまでやり遂げる力を育てましょう。ここは親がぐっと我慢です。

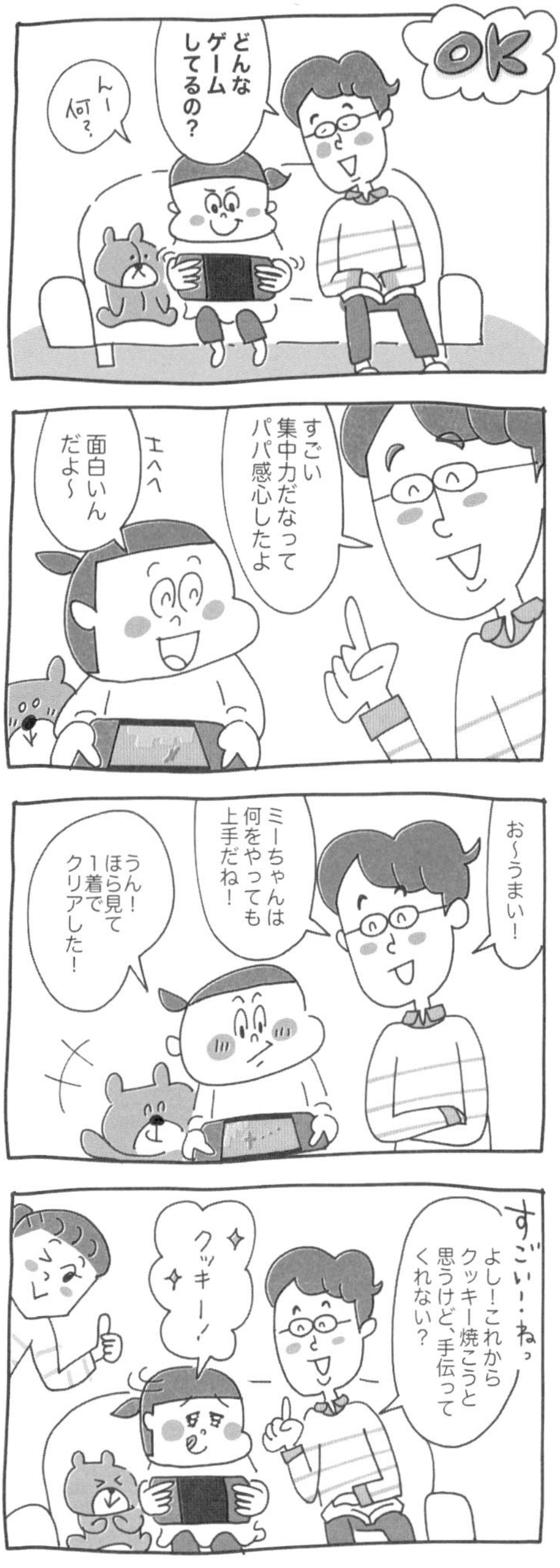

▼子どもがゲームをすんなりやめられる方法

子どもは、自分のことを認めてもらった後で、初めて相手（お母さんお父さん）の言うことを認めることができるようになります。この場合は、ゲームをやめてクッキー作りを手伝うことですね。

できれば、ゲーム以上に興味を持つことを、一緒に体験する提案をしましょう。

例えば、音に興味のあるお子さんなら、一緒に空箱や空き缶で打楽器を作って音の違いを楽しんだり、生き物が好きなら飼育してお世話したり、動画に興味があれば動画を撮影して家族で見たら楽しそうですね。最初は親も一緒に楽しみ、子どもが夢中になったら、一人でどんどん工夫できるようになるでしょう。

見（や）る側から、作（発信す）る側になれる、という視点を子どもが持てば、きっと面白くなるはずです。ポイントは、子どもの好きなことを親子で一緒に五感を使って楽しむことです。いろいろな選択肢があることで、子どもにとって面白いことややりたいこと、今すべきことは何かを考える力が育まれます。この繰り返しで、自制する力をつければ、あっという間にゲームを卒業するでしょう。

POINT

やめさせる（禁止）ではなく、
認めることで考える力（自制心）を育てよう

NG

ゲームばっかりしてると
バカになるよ！

OK

うまいね！
クリアしたら
一緒に○○しようよ！

こんなとき
どうする!?

親がやめてほしいと思っても、子どもを認めたほうがいいの？

どこまでわが子を認めればいいのか？

自己肯定感を育てるために、子どもを認める大切さは十分理解している。でも、こんなときはどう認めたらいいのかわからない……というご相談が増えました。

その中から、今回はこんなお悩みです。

「息子が、ブロックを投げて遊び始めたとき、危ないからやめさせたいです。でも自己肯定感を育てるためには、禁止せずにやらせたほうがいいのでしょうか？」

みなさんなら、どうしますか？

「危ないから、すぐにやめさせるべき」なのか、

「自己肯定感を育てるために見守ったほうがいい」のか。悩みますね。

今回は、**「やめさせる」か「やらせる」かの二者択一ではない、もう1つの方法を考えます。**

まずは、NGマンガからチェックです。

▼子どもが夢中になった瞬間を見逃さない

やめさせたほうがいいのか?と迷いながらも一緒に楽しむことを選択したのに、周りから冷ややかな視線を送られてしまって、お父さん、いたたまれないですね。

子どもが楽しそうに夢中になることを親も一緒に認めて楽しむことは、とても大事なことです。そして、親が夢中になっている姿を見たときに、子どもの集中力がさらに高まるのも確かです。

じゃあ、やっぱり、一緒にブロックを投げたほうがいいの?と思われるかもしれませんね。

でもね、

幸せな人生を歩んでいくためには、器を大きくした上で「社会のルール」を教えていくことも大事なことです。

じゃあ、やっぱりやめさせたほうがいいの?

いえいえ、

「やめさせるか」「やらせるか」ではなく、第3の方法を考えてみましょう。OKマンガを見てみてください。

ＯＫマンガのお父さんは、
- ものを投げる楽しさを認められた
- でも、ブロックは投げないというルールも教えられた

2つのことができました。

つまり、**「何を認めるのか」が大事**なのです。

ブロックを投げることを認めるのは、やっぱり変ですよね。

当たったら怪我をさせてしまうし、みんなで使うものを壊してしまうのは、いけないことです。

でも、子どもが投げる楽しさに目覚めた瞬間を認めることは、とっても大切なこと。

やめさせる言葉ではなく、まずは**「うまく投げられたね！」と認める言葉**をかけましょう。

最初に、「危ない！」とか「ああ、だめ……」というネガティブな発言をするとブロックに固執してしまうので、一言目が肝心です。

そして、投げる楽しさを思いっきり満喫するために、ブロックは投げるものではないことを伝えて、**ボールに持ち変えて、存分に投げさせてあげてください**ね。

「やめさせるか」「やらせるか」の二者択一ではなく、ベターなものに置き換える。今回のマンガの場合はブロックではなく、ボールに置き換えました。これがポイントです。子どもを認めながら、ルールを教えていきましょう！

POINT

やめさせる（禁止）か、やらせる（指示）かではなく、
何を認めるのかを考えよう

NG

ブロック投げてもいいよ！

OK

上手に投げられたね！
ブロックは危ないから、
ボールを投げようね。

こんなとき
どうする!?

落ち着かない子どもを注意しても効果なし。どうしたら成長するの？

▼親がついスルーしてしまうこと

小さな子どもを連れて電車やバス、飛行機などに乗ると親は緊張しますね。子どもがじっとしていられるのは、最初の5分だけ。落ち着きのない子どもに「ダメでしょ！」と注意をくり返すことになりますね。

実は、この最初のじっとしている5分間が大事なのです。

まずはNGマンガを見てみましょう。

お母さんは周りの視線が気になりますね。

でも、小さな子どもがじっと座っていられるなんて、すごいことだと思いませんか。

だって、つい最近まで寝ながら泣いてばかりいた赤ちゃんが、お座りできるようになり、体を支えられるようになって、自分で座席に座れるなんてすごい成長です。さらに何もせずにじっとしていられるなんて、大人でも難しいことですね。

問題は、できるようになると「それが当たり前だと思ってしまう親の意識」だと思います。

つまり、じっとおとなしく座っているのが当たり前だと思って、無反応になっていることです。すごいことなのだと、当たり前のことを改めてしっかり言葉で伝えることが大切です。

▼日常生活には子どもの「すごい！」があふれている

ＯＫマンガを見てみましょう。

お母さんは、座った瞬間から楽しそうに会話を続けましたね。

サトくんは、お母さんがニコニコ自分の方を向いて話しかけてくれるので、それだけで大満足です。

さらには、「座っていられてすごいね！」とわかってもらえたので、もっとじっと座っていようと自分でがんばる気持ちになりましたね。こうやってどんどん成長していける機会に変えることが大切です。

これは、電車の中だけに限ったことではないのです。日常生活のすべてに共通しています。

ぐずぐず着替えたって、こぼしながら食べたって、ノロノロ歩いたって、「着替えられたこと」「食べられたこと」「歩けたこと」、すべてがすごい成長です！

すべて数年前にはできなかったことなのですから。

悪いことを叱って直すのではなく、当たり前にできたよいことを認める言葉をかけられるかどうかが分岐点。そう考えると、**日々の生活の中で成長のチャンスは無数にあります。**

▼子どもが親に求めているたった1つのこと

子どもは、お母さんお父さんに振り向いてほしいので、振り向いてくれたことを「もっと」するようになります。

NGマンガでは、電車の中でじっと座っていても、自分のほうを向いてくれなかったお母さん。でも靴のまま座席に立ち上がろうとしたら、全力で向き合ってくれましたね。また、靴下のまま走ろうとしたら、全力で追いかけてくれました。

親としては、別に向き合っているつもりはないでしょう。でも、子どもは反応があったことを「自分のほうを見てくれた！」と思い、うれしくなってもっともっとするようになります。**叱られても振り向いてもらえるほうが、無反応よりうれしいからです。叱られる以上に、親の無反応に子どもは傷ついているのですね。**

今日からは、当たり前にできたこと（マンガの場合は、座席に座っていたこと）を認める言葉をかけて、もっともっとしたくなるようにできるといいですね。

これが自己肯定感を大きく育てていくことになります。

POINT

当たり前のことをできたときにこそ、声に出して認めよう

NG

あ〜もう、じっとしていて！

OK

じっと座っててすごいね！

こんなとき
どうする!?

ご飯の前なのに、お菓子を欲しがったら、我慢させる？　あげる？

▼子どもを説得にかかるのはNG

「子どもを認めることが大事だと学んだので、子どもが欲しがったらお菓子をあげるべきでしょうか？　それとも栄養を考えて、与えないほうがいいのでしょうか？　どうしていいのかわかりません」

きっと多くのお母さんお父さんが悩んでいると思います。**お菓子を食べすぎて、夕食を残されると、正直イラッとします**よね。

みなさんはどう対応していますか？　まずはNGマンガを見てみましょう。

多少は栄養の知識がある大人でも、お菓子ばかり食べる人もいます。

知識のない子どもはなおさら、食べたい！という気持ちに忠実です。

ですから「これは体によくないから食べないほうがよさそう」「食べ過ぎるとご飯を食べられなくなるからやめておこう」なんて、自分で判断できません。**禁止しても、説得しても、約束しても、あまり意味はなさそう**です。

この場合、子どもの優先順位は「将来の健康」より「今の空腹」。お菓子を認めるのでは

なく、**空腹であることを認めましょう。**

とはいえ「空腹を認めるって何？」と思いますよね。ＯＫマンガを見てみましょう。

▼「お菓子食べたい！」の裏にあるもの

子どもが「お菓子食べたい！」と言うと、**親はそのままの意味で受け止めますが、子どもの思いはもっと複雑です。**

「お腹がすいた」「僕にかまってほしい」「体の調子が悪いから甘いものが食べたい」などと思っていても、子どもは自分の思いをうまく言葉にできないために、「お・か・し」という3文字になっている可能性が高いのです。

ですから、「お菓子はダメ」と禁止したり「お菓子1個だけよ」と約束したりしても、子どもの本当の思いを認めて応えているわけではないので、あまり意味はなさそうです。

認めるのは「お菓子」ではなく「子どもの思い」なのです。

●お腹が空いている場合→タイミングを逃さず、健康的なものを「先」に出してみる

子どもは、まだ自分の欲求をコントロールできないので、1日3回、決まった時間にご飯を食べるというルールがわかるまでに時間がかかります。規則正しい時間に整えていくのは、小学校に上がるまでに……と気長に考えて、今は、お子さんのお腹の空いたタイミングで食べられるといいですね。小さいおにぎりや焼き芋、チーズ、焼きリンゴ、サンドウィッチ、干しぶどう、野菜スティックなどなど、栄養のバランスを考えたものをご飯とご飯の間に食

OK
ママ！お菓子食べたい！
そっか今日はお外でいっぱい遊んだからお腹すいたよね
今と〜ってもおいしいオムライスを作っています！
特別にトウモロコシを試食させてさしあげましょう！
これは特別なトウモロコシで〜す！パパには内緒ね？
栄養いっぱいだよ〜
食べる〜
トウモロコシトウモロコシトウモロコシ

トウモロコシおいしい！
これが入ったオムライスもうすぐできるから一緒に食べようね！
うん

べると栄養の補給になります。

●かまってほしい場合→家事をしながらではなく、全力で子どもの相手をする

子どもが「ご飯！」と言うと「待っててね」と流すような対応をするところを、「お菓子！」と言うと「だめ！」「一個だけよ？」などと大きく反応していませんか？　この反応がうれしくて「お菓子！」と言っている場合もあります。親の気を引きたいのですね。

ですから何かをしながらではなく、子どもの目を見て「お腹すいたよね？」と共感してみてください。

●体調がすぐれない場合→軽食に変えてみる

元気に見えても体調がすぐれないのかもしれません。そんなときはご飯ではなく、果物やヨーグルト、ゼリーなど子どもの好きな軽食に変えてみるのもいいですね。

大人でも、調子が悪い日はきちんとした食事よりお菓子を食べたい日もあります。それはある意味、自分の体に敏感である証拠であり、自分を守る行為なのかもしれません。

いずれにせよ、安易にお菓子を与えて終わりにするのではなく、**子どもが何を望んでいるのかを見極め、そして認められるといい**ですね。

POINT

お菓子を禁止するより、子どもが何を望んでいるのかを見極め、認めよう

NG

お菓子は1個だけって約束でしょ！

OK

今日はいっぱい遊んでお腹すいたよね？（と言って、栄養のあるおやつを出す）

こんなとき
どうする!?

忙しい朝に「自分で着る！」と言い張る子ども。見守るべき？

▼どうしたら朝の着替えがスムーズになる？

朝の忙しい時間に、なかなか支度をしてくれないとイライラしてしまいますね。

まずはNGマンガを見てみましょう。

まだうまく着替えられないのに、「自分で着る！」と言い張る日もあれば、「やってぇ〜」と甘える日もありますよね。

親としては、自分で着替えができるようになってほしいので、甘えてきたときに手伝ったほうがいいのか？　それともやらせるべきか？　悩みますね。

親は、「着替えを100%手伝う」か「自分で100%やらせるか」の二者択一になりがちです。

大切なのは、着替えができるかどうかよりも、「自分で着替えができた！」と本人が思うことです。

ですからポイントは、子どもの邪魔をしないようにサポートすることなのです。

次のページのＯＫマンガを見てみましょう。

▼自分でできた！と勘違いさせてあげて

ＯＫマンガを見て、「結局、親が手伝ってるじゃん」と思うかもしれません。

でもＮＧとＯＫには大きな違いがあるのです。

それは、子どもが「自分でできた」と思えているかどうか。**子ども自身が、自分はできたと思うことで、自己肯定感が育ち、これから1人でもっとできるようになっていきます。**

「ちょっと遠回りでは？」と思いましたか。でも、着替えに失敗して親が直すよりも、かなり時短になりますよ。何よりすごいのは、イライラせずに家族みんなが自分はすごい！と思って1日をスタートできること。怒らずに済むので、精神的にもラクになります。

では、年齢的にも成長して、もう1人で着替えられるはずなのに、「手伝って」と甘えられたらどうすべきでしょう？

これは、どうぞ手伝ってあげてください。

きっと**お子さんの中で何か理由があって、甘えたいときなのだと思います**。その甘えに親が応えてくれたと思うことで元気を取り戻し、自分でできるようになりますよ。

また「子どもがセンス悪い組み合わせを着たがったときどうする？」といった相談もよくあります。

お子さんのその主張、認めてあげてください。

でも「すごいオシャレな組み合わせね」と思ってもいないことを言って、ほめる必要はな

く、「へえ、自分で選ぶなんてすごいね」ぐらいでいいでしょう。家にある服なので、そんなとんでもないものもないと思いますし、天才は一般人とは違う発想から生まれるものだから……と楽しめるぐらいがちょうどいいですね。

なかなか着替えが進まないときは、お子さんが着たくなるような工夫をしてみるのもおすすめです。ママ好みの服ばかりでなく、子どもの好きなキャラクターや絵柄を一緒に選んだり、はめやすい大きめのボタンのついた服にしたり、左右合わせるとクマの顔になるような靴下にしてみるなど、着替えを楽しい時間にしましょう。

それでもなかなか着替えが進まない場合は、お母さんお父さんの着替えについて相談してみると効果があります。

親「ママのこのシャツには、どっちのスカートがいいと思う?」

子「こっち!」

親「ありがとう! あなたも一緒にお着替えしよう!」

子どもは、親と一緒に同じことをするのが大好きですが、親の役に立つことはもっと好きなのです。うれしくなってやる気が出ます。さっさと着替えをするようになるでしょう。

POINT

手伝うか手伝わない（全か無）かよりも、
さりげなくサポートしよう

NG

ほら、できないじゃない！

OK

（さりげなくサポートしながら）
お着替えできたね！

こんなとき
どうする!?

挨拶できない子は、コミュ力が低いの？

子どもに無理やり挨拶させるのは無意味

恥ずかしがって挨拶できないお子さんや、小さい頃は言えたのに最近言わなくなったというお子さんに、悩むお母さんお父さんも多いようです。

まずはNGマンガから見てみましょう。

どこがNGポイントかわかりますか？

答えは、無理やり「おはよう」と言わせようとしているところ。親は優しく教えているつもりかもしれません。でも子どもにとっては「言わされている」という印象なのですね。

子どもに優しく教えても、ほめても、練習させても、言えるようにならず、焦ってしまう気持ちはわかります。大きな声で挨拶できる他のお子さんを見ると、さらに心配になってしまうかもしれませんね。

でも、親が子どもに言わせていては、意味はありません。まずは、**「挨拶したい！」という子どもの気持ちを育むことが先**です。そのためには、お子さんのありのまま（この場合は、挨拶できない子ども）を認め、コミュニケーションをとりたい思いを汲みとり、親がお手本を見せることが大切です。

NG
今日こそは先生にあいさつできるよね？
うん
保育園に着いたらなんていうの？
おはようございます
すごいね！今日はちゃんと言えそうだね！
おはよう
おはようございますでしょ！
・・・
ほいくえん

先生、すみません！うちの子挨拶できなくて…
大丈夫ですよ！そのうちいえるようになりますよ

▼「おはよう」以前に大切なこと

ＯＫマンガを見てみましょう。いかがでしょうか？

え？　子どもがおはようございますって言ってないじゃないかって？　解決になってないって？

はい（笑）。たしかに言えていませんね。

でも、**「おはよう」を言うか言わないかよりも、相手とコミュニケーションをとりたいと思えるかどうかが大切**なのです。

親が「おはよう」を言わせることにこだわっていると、子どもが先生（相手）と向き合う気持ちを育むことを邪魔する可能性があります。

さらに、親が「うちの子、言えなくてすみません」と間接的に子どもをダメ出しすることで、挨拶できない自分を否定することにつながっているとしたら、悲しいと思いませんか？　それに、**しつけのできる親だと第三者に思われる必要は全くありません**。

子どもの中にある先生やお友だちへの思いをじっくり育てている時間だと思って、応援しましょう。

▼たった1つのコツで、子どもは挨拶できるようになる

そのとき大事なのは、親がお手本を見せること。この場合は、「先生! おはようございます!」と先生の目を見て、元気に言うことです。

お母さんお父さん自身が元気に挨拶できていれば、子どもは必ず言えるようになります。

お子さんのことが心配なら、まずは自分を振り返ってみてください。

ポイントは、相手に言われてから「おはよう」を返すのではなく、こちらが先に言うことです。

子どもにやらせる前に、自分が変わりましょう。なかなか難しい……と思ったら、子どもにはもっと難しいはずだと気づくかもしれません。

挨拶したい気持ちを育む。親が自ら「おはよう」と言う声を聞かせ、元気な姿を見せる。**目と耳で親の手本を示しましょう。**これを繰り返すことで、お子さんは気持ちのこもった本当の挨拶ができるようになるはずです。

無理やり言わせても、子どもは呪文を唱えているだけ。いずれ挨拶できなくなってしまうかもしれません。それは本当にもったいないこと。

挨拶はコミュニケーションの基礎です。焦らず、まずは対話したい気持ちを育むことから始めましょう。

POINT

言わせるより、
気持ちを育むほうが、コミュ力の高い子になる

NG

おはようございます
でしょ⁉

OK

（親が元気に）
おはようございます！

こんなとき
どうする!?

叩いたり蹴ったりする子どもにはどんな言葉が通じるの？

▼子どもが人を叩く理由

子どもが叩いたり、蹴ったりすると「いつもはいい子なのに……どうして？」と不安になりますね。まずはNGマンガから見てみましょう。

暴力はいけないと繰り返し伝えても改善しない場合、どうしたらいいのか……と途方に暮れる気持ちもわかります。

まずお伝えしたいのが、**低年齢で手が出るからといって、暴力的な大人に育つわけではないこと**。ですから焦らなくても大丈夫です。

きょうだいを同じように育てていても、その成長はまるで違います。ですから育て方に問題があるわけでもありません。

でも、できれば収まってほしいですよね。どのように対応すればいいのでしょう。OKマンガを見てみましょう。

子どもが叩いたり蹴ったりしたときは、親へのサインと受け止めましょう。まずは毅然とした態度で手を握って叩けないように制止して下さい。そしてしっかりと目をみて穏やかな顔で、気持ちを言葉に置き換える会話を重ねましょう。

叩くのは、親にわかってほしいことがあるのに、それをまだうまく言葉で伝える力が育っていないから。

●園や学校で、ものすごくがんばっている

●モヤモヤする気持ちがある

●モヤモヤする気持ちを自分でどう整理していいのかわからない

すると、言葉ではなく、子どもは手が出てしまいます。

そんな場合は、子どもの気持ちをＯＫマンガのように親が代弁しましょう。そうすることで、だんだん言葉で伝えることを覚えていきます。

つい親としては、「叩いてはいけないことを教えなければ！」と焦ってしまいがちです。でも本当に大事なのは、子どもが何を伝えたいのかを受け止め、理解しようとすることです。

叩くのはいけないことだと言えば言うほど、「ママ（パパ）は自分の気持ちをわかってくれない！」と感じ、逆効果です。子どもは、自分の気持ち（今回の場合は、ママと遊びたい気持ち）を親にわかってもらいたいからです。

お友だちやきょうだいを叩いたときも同じです。相手がいることなので、つい暴力がいけないことを諭そうとしてしまいがちですが、子ども自身が、「この気持ちを伝えるには、この言葉を言えばいいんだ」と覚えていけるように親が代弁していくと、叩かなくても言葉でコミュニケーションできるようになっていきます。

▼子どもが暴力的になったときのNG対処法

①痛みを教えるために、親も叩くこと

叩いて痛みを教えるという考え方は言語道断です。**理解させるためには暴力をふるってもよいという考えを、正当化する**ことになりますね。

②子どもの暴力を受け止め続ける

子どもに暴力を振るわれたときに、ずっと受け止め続けている人もいるようです。優しさからだと思いますが、これもよくありません。**人を叩くことで、モヤモヤが晴れたり、思いが遂げられたりすることを容認することにつながる**からです。

③叱って、もうしないことを約束させる

一方的な約束をしても効果はなく、子どもの成長においても意味はないので、やめましょう。

子どもが叩いたときに、親は「叩くことをやめさせる」という発想になりがちです。そうではなく、子どもが暴力的になったら、「これはわが子の気持ちを知るチャンス！」と考え、子どもの気持ちを吐き出せるように心がけたいですね。

POINT

叩いてはいけないことを教えるより、
叩かなくても通じる言葉を教えよう

NG

痛いよ！　そんな子は
もう知りません！

OK

（叩く手を握って制止しながら）
どうしたのかな？
今日はもっと遊びたいのかな？

こんなとき
どうする!?

子どもと会話が弾むための「一言目」は何がいい？

▼「話をしよう！」と思うほど逆効果？　目的を間違えないで

「子どもと一緒にいるときはなるべく会話をしようと心がけていますが、「今日の園は、どうだった？」と話しかけても、**「別に〜」とか「いつもと変わんない」とかで、話が進みません**。「わかんない」とか「忘れた」なんて言われてしまうと「そんなわけないでしょ！」と怒ってしまうお母さんお父さんも多いと思います。

実は、子どもは会話をすることで、自分の考えを整理してまとめていきます。親子でたくさんお話しできるといいのですが、そのためにはコツも必要です。どうしたら会話が楽しくなるのでしょうか。

よくある会話をNGマンガで見てみましょう。

会話しようとするお父さん。でも子どもたちは目の前のことに夢中でスルーされているようです。仕事などで忙しくて親子の時間がとれずにいると、一緒にいられるときにその分を取り戻そう！と意気込む気持ち、よくわかります。でも**無理に話す必要はありません**。会話がなくても一緒にいられるなんて、素敵な関係ですよね。

今回のケースの問題点は、会話をすることが目的になってしまっていることです。会話は手段でしかありません。**会話を通して、「何を知りたいのか」「子どもと何をしたいのか」、目的を明確にすることが大切**です。ＯＫマンガを見てみましょう。

▼まずは、目の前の子どもに目を向けよう

子どもたちが夢中で遊んでいるところに自然に入り込めたお父さん。盛り上がってますね。お父さんは、子どもが「今」やっていることに興味を持って、話しかけましたね。ここが大切です。

子どもは、「今」自分がしていること（積み木でクリスマスツリーを作っていること）を聞かれて、うれしくなって答えることができました。

さらに、その話を広げることで、お父さんは園での子どもの様子も知ることができました。

会話をしようとしたのではなく、子どもがどんなふうに過ごしているのかを知りたいと思って話したから、質問が明確になったのでしょう。子どもも素直に答えています。

そもそも「園どうだった？」という問いかけは、子どもも答えづらいと思いませんか？「今日仕事どうだった？」と突然聞かれても、「え？　急に何？」と思いますよね。

親が何を知りたがっているのかよくわからないので、子どもが「わかんない」と答えるのは、ある意味、正直な反応です。

会話が続かない場合、親が子どもに何を聞きたいのか、目的がはっきりしていないことが多いのだと思います。会話をしようと意気込む前に、まずは会話の目的を明確にできるとよ

いでしょう。

例えば、

- **子どもが今何に興味を持っているのかを知りたい**
- **園で先生とどんなことをしているのかを知りたい**
- **クリスマスプレゼントで欲しいものは何かを知りたい**
- **お父さん（お母さん）大好き！と言ってほしい**

などなど、お母さんお父さんの目的を整理すると、質問も具体的になり、会話も弾むでしょう。

親子の会話の大きな目的は、子どもの自己肯定感を育てることです。日常の中で、毎回目的を明確にして会話をすることで、子ども自身も自然とそういう話し方が身についていきます。

「何のためにそれをするのか」「今すべきことは何か」など、目的を見失わずに子どもが自分の人生を歩んでいけるようにできるといいですね。

POINT

会話の目的を明確にして話そう

NG

今日の園は、どうだった?

OK

楽しそうだね。何やってるの?

こんなとき
どうする!?

ジェンダー教育って何から始めればいいの？

▼男の子が「ドレスを着て園に行きたい」と言ったらどうする？

「最近よくジェンダーという言葉を聞きます。ジェンダー教育が大事といわれても、一体子どもに何を教えればいいのでしょうか？」

というご相談をよく受けます。親の世代にはなかったキーワードなので悩みますね。

以前は、「お父さんは外で仕事、お母さんは家で家事、育児をすべきだ」という考え方が主流でした。しかし近年、**性によって役割を決めつけるのはおかしいといえる時代になってきました**ね。

「こうあるべき」と決めつけていることに気づくこと。これがジェンダー教育の第一歩になると思います。まずはこんな会話をNGマンガで見てみましょう。

お姉ちゃんと同じものが着たいのか。それとも、ドレスに興味があるのか。この時点ではまだわかりません。でもドレスを欲しがったのは事実です。

▼やっぱり子どもは親に認めてもらいたい

子どもは、3～5歳に自分の性を意識し始めるといわれています。そして性には4つの要素があります。

- **からだの性**（生物学的な性） 客観的に判断されて出生時に登録
- **こころの性**（性自認） 自分自身の個人的な認識
- **好きになる性**（性的指向） 恋愛感情や興味を持つ対象
- **表現する性**（性役割） 〝らしさ〟の性 服装や化粧、役割など

この中で、「こころの性」と「好きになる性」は、自分の意思で変えることは困難だといわれています。

「からだの性」と「こころの性」が異なっていて、周りから理解されないことで、子どもが戸惑ったり、自分自身を否定したりして生きていくとしたら、親として、とても悲しいことです。

一方で、認めにくいことかもしれないけれど、ありのままを認めることで、自己肯定感の大きな子どもを育てていくことは親としての務めだと思います。

やっぱり、いつでも子どもは親に認めてもらいたい一心です。

では、ＯＫマンガを見てみましょう。

サトくんの気持ちに、家族が寄り添いました。サトくんも認められて安心できましたね。

▼性で役割を限定しない

フリフリのピンクは女の子のものと、決めつけなくてもいいと思います。女性のパイロットや警察官も素敵です。子育てをするお父さん、仕事をするお母さんも当たり前になってきました。

性で役割を限定せず、自分らしく生きられるように、それぞれが、自分の意思で得意なことができる社会になるといいですよね。

家の中でなら、わが子のしたい格好をさせてあげられます！という方がいます。ではサトくんが、「このドレスをきて園（学校）に行きたい！」と言ったらどうするか考えてみましょう。

違和感なく受け入れてくれる園も増えてきましたが、お友だちの反応は、まだまださまざまです。同じ年頃の子どもも自分のジェンダーに目覚めているからです。

「自分は男の子」「自分は女の子」「自分は男の子？　女の子？」「あの子は女の子」「あの子は男の子」などと確認し始めます。

心ない言葉によって、子どもが傷つかないように、親子で率直に話し合えるといいですね。例えばこんな会話でしょうか。

「男性でドレスを着て活躍している人も世界にはたくさんいるし、それが受け入れられる社会になっていくと思う。あなたも、とても似合っていると、ママは思うよ。

でも、お友だちの中には、ドレスは女の子が着るものだと思い込んでいる子もいるかもしれないから、君がドレスを着ていたら変だって笑われるかもしれない。どうする？」

こんなふうに、**社会の状況も一緒に、子どもにわかるようにお話しできるといいなと思います**。

親が、「着てもいい」「着てはいけない」と決めるのではなく、子どもが自分で考えられるように、一緒に状況を説明し、話し合えるといいですね。こうした経験を繰り返すことで、子どもは問題があれば親に相談し、自分を受け入れて成長していけるのではないでしょうか。

その上で、「やっぱり着ていく」と子どもが決めたなら、全力で子どもの味方になりたいものです。

こういった一つ一つの行動が社会を変えていくはずです。

いつの時代も、「変える」のは勇気のいることですね。

学校の制服や水着も、子どもたちからの声で、男女に関係のないジェンダーレスな形を自分で選択できる時代に変わってきています。

まずは、お母さんお父さんたちが、当たり前だと思い込んでいた自分の中の思い込み（偏見）に、気づくことから始めましょう。

周りは理解してくれなくても、親にはわかってもらえたことが、子どもに生きる力を与え、自己肯定感を育てていきます。

子ども自身が違和感を抱えたまま生きていかなくてもいいように、親として寄り添えることを心から願っています。

POINT

自分の中の思い込みに気づいて、子どものありのままを認めよう

NG

男の子がドレスはおかしいよ！

OK

いいよ！ 着てみようか。

子どもが自分で考え始める言葉

子どもが考え、行動できるようになるには、
まずは今の子どもを「そのまま認める」ことが必要です。
子どもが「このままの自分でいいんだ」と
心から思えるような言葉をご紹介します。

こんなとき
どうする!?

宿題や習い事の練習をやりたがらないとき、どんな言葉が効果的？

▼「ピアノの練習をしないとゲームはダメ！」がNGのわけ

「自ら進んで習い事の練習ができる子にするには、どうしたらいいでしょうか」。これはとてもよく聞かれる質問です。

習い事の練習もできないと、小学生になってからも「宿題しなさい！」と言い続けなくてはいけないのではないか？と心配になりますよね。

今日から言葉かけを変えて、自分からしたい！　と思う気持ちを今のうちに育むことが大切です。まずはNGマンガを見てみましょう。

言わなきゃやらないから「しなさい！」と言ってやらせてしまう。

残念ながらこれは逆効果かもしれません。言われないとやらない子になってしまう可能性があるからです。

大事なのは「自分でいつ始めるのか」を子どもが決めること。つまり主体的に取り組めるようにすることが大切です。

次のページのＯＫマンガを見てみましょう。

小学校低学年くらいまではまだ時間の感覚はないので、「1時間後に始める」などの約束は意味がありません。

▼子どもが自分で始めるためのコツ

「遊んだ後に始める」「おやつの後に始める」「夕食の後に始める」など、順番を考えるくらいから始めましょう。

まずは、子どもが「自分で決めた！」と思うことがポイントです。

それでもゲームをだらだらとやっている場合は、

「ゲーム、どんな調子？　ママはもうすぐ夕食準備終わりそうだけど、どう？」と子どものやる気を後押しするような言葉をかけましょう。

「ゲームが終わったら、ピアノをやるって自分で決めたんでしょ？」といった嫌味は言わないように。子どものやる気を損ねます。

ちゃんとやったら、ご褒美が待っていると感じさせるのもいい方法ですね。

先に練習をしたら、ゆっくりケーキが食べられるや、YouTubeが見られるなどですね。

時々、「練習しないとYouTubeを見せないよ」と交換条件に使う場合がありますが、これは、NGです。イヤイヤ練習しても仕方がありません。あくまで、自分でやりたい気持ちを育てることが目的であって、練習させることが目的ではないからです。

「ご褒美目的で、練習をするようになるのではないか」と心配する方もいますが、大丈夫。**子どもは親が思うよりずっと賢いのです。**そのうち、もっとうれしいご褒美、つまり練習することの本当の意味を理解していきます。

例えば、練習すると、

- **先生やお母さんお父さんにほめられる**
- **叱られない**
- **ピアノ（この場合）が上手に弾けて楽しくなる**
- **発表会や試合で結果を出せる**
- **自分はやればできると自信を持てる**

子どもにとってのご褒美は、ケーキやゲームではなく、その先にあるもの。

「練習をする目的を考える習慣ができていくこと」が、ご褒美です。これができれば、小学校に上がっても心配はいりません。

自分で考えてやる子になるからです。

POINT

やらせる（受け身）ではなく、子どもが自分でタイミングを決める（自発的）

NG

練習しないとゲームはダメ！

OK

練習いつ始めるの？ママは○○を始めるよ！

こんなとき
どうする!?

「自分で考えなさい」と言えば本当に考える子になる？

▼子どもを思考停止にさせる言葉を言っていませんか？

「わが家では、「自分でよく考えなさい！」と言っていますが、全く考えるようになってくれません。**どうしたら自分で考える子になるでしょうか？**」

「自分で考えなさい！」は親として言いがちな言葉ですね。この言葉、そもそも子どもはどう受け止めているのでしょうか？　NGマンガから見てみましょう。

お母さんはたくさんヒントを出しているようですが……。

最初は優しく注意する。

↓でも、子どもは行動に移さない。

↓今、何をすべきなのか考えるように伝える。

↓それでも、子どもは行動に移さない。
↓結局怒ってしまって落ち込む。
という悪いパターンになってしまっていますね。
何をすべきか答えを言わずに、子どもに考えさせようとして、マンガのお母さんも「やることあるでしょ」「発表会もうすぐだよ」とヒントを出していますね。

でも子どもがその言葉の意味を全然考えないので、とうとう最後には「よく考えなさい！」と怒ってしまっています。

ここで問題です。

「よく考えなさい！」と怒られた子どもは何を考えるでしょう？

残念なことに正解は、**「お母さんに怒られずにすむには、どうしたらいいだろう？」**です。

自分がすべきことを考える子に育ってほしいのに、**お母さんお父さんに怒られないことを基準に考える子に育ってしまうとしたら悲しいことです**。

この言葉かけがうまくいかないのは、お母さんの中にすでに正解（この場合、今すぐにピアノの練習すべき）があって、そこに子どもを誘導しようとしている点です。

どうしたいのか決めるのを、子どもに任せる会話に変えてみましょう。

OKマンガを見てみましょう。

マンガでミーちゃんは、「お城を完成させたらピアノの練習をする」と言ってから「お腹がすいたから、ご飯を先に食べてから練習する」と自分の頭で考えて、答えを出せましたね。

▼親の言葉かけ次第で子どもは考える子になる

答えを出せた理由は2つです。

- **自分が夢中になっている世界にお母さんも楽しそうに一緒にいたこと**
- **お母さんがタイミング（一息ついたとき）を見計らって、提案（ピアノいつやる？）したこと**

大人でもそうですよね。真剣に何かに取り組んでいるときに、部外者から急に何か言われたら、「邪魔しないで……」とうるさく感じてしまいそうです。

一歩譲って大人なら「今ちょっといいですか」で気持ちを切り替えられるかもしれませんが、子どもにはまだ無理なので、親の視点を変えましょう。

「ピアノの練習をするかしないか」という親の視点から、「子どもが今、何を楽しんでいるのか」の視点に変えることで、言葉かけが変わります。すると子どもは考え始めます。

※購入者限定特典【考える子に導く7つのステップ～小学校までに】は、ダウンロードして見ることができます。詳しくはP278を参照してください。

POINT

子どもの視点でタイミングを見て話しかけ、子どもが決める会話をしよう

NG

自分で考えなさい！

OK

（子どもの視点でタイミングを見計らって）ピアノの練習いつやる？

こんなとき どうする!?

子どもが悪口を言い出したら、どう反応したらいい?

悪口を認めるわけにはいかない?

子どもが悪口を言い出したらどうしましょう? 「悪口を言ってもいいよ」と言うのは、もちろん認める言葉ではないし、解決にはなりませんよね。今回のポイントは、**わからせようと指示するのではなく、子どもが自分で理解する力を認めて育てることです**。

まずは、NGマンガを見てみましょう。

お母さんはわけがわからず戸惑っているうちに、「仲間はずれにする」「無視する」なんて言葉が飛び出すと、びっくりしてやめさせたいと思いますね。お母さんが言ってることは正論です。子どもにわかってほしい気持ちもよくわかります。

でも、言われたお子さんはどう感じるでしょうか。

「ママに話しても全然私の気持ちをわかってくれない、もうママには話さない。悪いのは、

Aちゃんなのに……」

と悲しく感じて、**子どもの考えはそこで停止してしまう恐れ**があります。

反対に、お子さんが「ママの言うとおりだ、明日Bちゃんと話をしよう」と素直に受け止めて行動したとしたら、今度は、Bちゃんを怒らせてしまうかもしれません。すると自分でどう行動したらいいのか、わからなくなるかもしれませんね。

私たちは、子どもに正しいことを教えて、行動させようとしてしまいます。でもこれだけは覚えておいてください。**子どもは私たちが思っている以上にずっと賢いのです。**

自分で考える力を認めて、信じる会話に変えてみましょう。

では、ＯＫマンガを見てみましょう。

お母さんはただオウム返しに聞いているだけですが、その後の子どもの変化は……？

自分で解決策を見つけられましたね。

このマンガの元になったエピソードには後日談があります。娘さんはお母さんに、ちゃんと3人で仲直りできたこと、そして実は娘さん自身も意地悪されていたこともお話ししてくれたそうです。

子どもは親に信頼されれば自分で考えて、相手の気持ちになって解決できる力を持っているのだと感激しますね。

▼子どもが悪口を言い出したときの3つのポイント

① 気持ちを受け止める

「何があったの？　秘密って何？」といろいろ聞きたくなりますが、まずは、気持ち（この場合は、怒っていること）を受け止めましょう。受け止め方は黙認ではなく、子どもの言葉をそのままオウム返しするだけで大丈夫です。

② 親が答えを考えない

いろいろ聞いた結果、親は正しい解決法は何かを考えたくなります。しかし考えるのは、子どもです。話を否定されたり、遮られなければ、子どもは自分のペースでお話しできます。

声に出すことで感情をコントロールできるようになり、言葉にすることで考えを整理できるので、話しやすい雰囲気を続けましょう。

③ 信じてもらえると、自分で解決法にたどり着く

親に言われなくても子どもは十分に「いけないこと」をわかっています。悪口を言っても、大好きなお母さんお父さんに叱られずに、少し悲しい表情で受け止めてもらえたことで、子どもは落ち着きを取り戻し、自分の頭で考え始めます。仲間はずれ、無視する（この場合）と考えたけど、「本当にそれでいいのか？」「他の方法はないのか？」と考え始めるでしょう。

子どもの年齢や成長によっては、自分で解決法にたどり着けない場合もあります。そんなときはヒント（Aちゃんには何かわけがあったのかもね）を出しながら、**焦らずに信じて任せることで、自分で解決できる力を育んでいきましょう**。

ある意味、お友だちの悪口を言える親子関係は、とても健全です。**なんでも話せる安心感を育んできた結果**ではないでしょうか。家で言えずに、外で言うようになって問題が大きくなる前に、吐き出させてあげましょう。もちろん、親自身が人の悪口を言いっぱなしにしないように日頃の言動に注意したいですね。

POINT

親がどうすべきか考えるより、信じて認めることで自分で考える力を伸ばそう

NG

悪口を言うのは絶対にダメだよ！

OK

（子どもの気持ちを受け止めながら）何かわけがあったのかもね。

こんなとき
どうする!?

意外と難しい「ほめ方」一体どうやるのが正解？

▼よくあるNGなほめ方3選

「小さい頃はほめられたけど、最近はわがままになった気がしてほめられない」

「ほめないとやらなくなった」

「ほめることとしつけのバランスがわからない」

こんなふうに**多くの方が「ほめる」に頭を悩ませています**。

まずはこちらのNGマンガを見てください。本書のカバーにも登場しましたね。

一見、理想的なコミュニケーションに見えるこのマンガ、何がNGなのかわかりますか？

①　子どもに無言の圧力をかけている

2コマ目でお母さんが「何する？」と言いつつも、折り紙を手にして、さりげなく誘導しているのがわかりますか？

このさりげないしぐさで、「自分が折り紙って言ったら、ママは喜ぶはず」と**子どもは察していま す**。無言の圧力をかけているのと同じですよね。今回の例は折り紙ですが、一般的には宿題や課題、お手伝いなどに誘導していることが多いと思います。

もちろん、相手の気持ちを「察する力」は大切です。でもそれよりも大事なのが「自問す

る力」。子ども自身が、「自分は何をしたいんだろう？」と考える力です。
自問して出した結果を認めてもらうことで、自己肯定感は育ちます。

② 言うとおりに従う子どもをほめる

2コマ目で、親が「それはいいね」と言っていますね。ここが要注意ポイントです。このように親の希望どおりに何かをやったとき、「それはいいね」とほめるのは、裏を返すと「そうじゃないのは、よくないね」と同じ意味になります。

「それはいいね（そうじゃないのは、よくないね）」を繰り返すと、子どもは、自分のやりたいことではなく、**親にほめられることを優先していきます**。この状態が続くと、子どもは自分が本当にしたいことがわからなくなっていきます。これはとても恐ろしいことです。

③ 天才だね！ とほめる

「天才！」という言葉を使ってほめることはありませんか？ 実はこれ、NGなのです。
努力ではなく、能力や結果を決めつけるほめ方をしていると、「ぼくは天才だからがんばらなくてもできるはずだ」と思って努力しなくなったり、「自分は天才だ」と周囲に思わせるために、難易度の高い挑戦を嫌がるようになったり、**話を盛って嘘をつくようになってしまう**というスタンフォード大学のキャロル・ドゥエック教授の研究結果もあります。

「じゃあ一体どうやってほめたらいいの?」と途方に暮れるお母さんお父さん、簡単な方法があります。OKマンガを見てみましょう。

親にできることは、子どもの邪魔をしないこと

ＯＫマンガのお母さんは、特にほめていませんが、コントロールもしていないのがわかりますか？

鶴（作品）を折らせたいと思っている親にとっては、折り紙をビリビリに破る行為は、部屋も散らかるし、嫌なことなので、やめさせたくなるかもしれません。

でもそれを親がやめさせたりしないことで、子どもは認められる感覚を得ます。そして一生懸命に工夫をしながら取り組むことで、子どもは達成感を得ています。

ほめられなくても、子どもは「自分はすごい」と満足感を味わっているのです。つまり、子どもがしていることを認めることが、**自己肯定感を育てる**のです。

親にできることは、ほめてやらせることではありません。子どもがしたいことを邪魔せずに、認める言葉をかけること。

邪魔をしないといっても、（好きにさせてあげよう）と黙認するのではなく、「指で破ってるんだね」などとその**工夫を認める言葉をかけたいものです**。

POINT

ほめない、叱らない、認める子育てをしよう

NG

天才だね！

OK

（工夫を認めて）折り紙を指で破っているんだね！

こんなとき
どうする!?

子どものやりたいことは認めたい。でもなかなか寝ないときはどうする?

「怒る」か「あきらめる」ではない第3の選択肢

最近とても多いのが、こちらのご相談です。

「子どもを早く寝かせたいと思っていたのですが、子どもを認めることが大切だと知って、子どもの好きにさせてあげたいと思っています。

でも、放っているといつまでも遊んでいて、結局怒って寝かせることになってしまいます。早く寝かせることをあきらめるべきなのでしょうか?」

子どものやりたいことをやらせてあげなきゃと思うと、親がやってほしいことをあきらめることになって物事が進まず、モヤモヤ、イライラしてしまいますね。

今回は、「やるべきことをやらせるために、怒る」でもなければ、「子どもの好きを優先するために、親がやってほしいことを、あきらめる」でもない、もう1つの方法を考えます。

まずはやってしまいがちなＮＧ会話を見てみましょう。

子どもが夢中になって遊んでいることを認めようとして遊ばせ続けたのに、子どもが寝ようとしない。結局怒ってしまって、親は自己嫌悪に陥りますね。

▼平成と令和の子育ては別モノ

自己嫌悪に陥るというのは、「睡眠は大切。そして子どものやっていることも認めたい」とお母さんお父さんたちががんばっている証拠です。

これは**昭和・平成の時代なら、「もう寝なさい！」と叱って寝かせるのが一般的**でした。ですから今の親世代は、こう育てられた方が大多数だと思います。じゃあ、やっぱり怒って寝かせたほうがいいの？と思いますよね。

でも、未来を生きるわが子には、大人の言うことに従う子ではなくて、自分で考えて行動できる自律する力・自己肯定感を育てたい。そしてそれを伸ばす言葉かけをしたいですよね。

つまりそれは、**親自身が受けてきた教育とは、違う教育をする必要がある**ということ。今は子育ての転換期なので、現代の子育て世代は大変です。

未来を生き抜く子どもに育てるためには、今が踏ん張り時ですね。

子どもは何かに夢中になっているときに大きく成長するので、認めて、させることはとても大事なことです。

でも、睡眠を十分にとることも、同じくらい大切なことですよね。

じゃあ、どうしたらいいの？　両立できないじゃん……と途方に暮れますね。

「怒るか」「あきらめるか」のどちらかではなく、子どもが自分で決断できる方法を考えます。

ＯＫマンガを見てみましょう。

▼これからの時代を生きる子どもへの声かけポイント

子どもが「工夫したところやがんばったところ」を認め、楽しみになる提案をすることで、自らお布団に入ることを、待ち遠しく感じさせることができましたね。早く寝かせることをあきらめず、そして怒らず、さらに子どものしていることを認めることができました。

子どもを**「認める」というのは、「遊んでてもいいよ」と許すことではありません**。子どもが工夫したことやがんばったことを見逃さず声をかけることです。マンガの場合は「足を強そうに作ったね」と会話することで、子どもは「認められた」と満足します。

大事なのは「怒って寝かせる」よりも、「自分からお布団に入りたい」と思えるようなポイントを探すこと。

今回のマンガの子どもは、「ロボットの冒険物語」に惹かれましたが、お子さんの好みや年齢によって、何がやる気を引き出すのか、会話を重ねて探していきましょう。

これはやがて、怒って○○（例：宿題）させる、よりも、自分から○○（例：宿題）したい、と思える子に育っていくための親子の会話の練習になるはずです。

POINT

怒るか、あきらめるか、ではなく、子どもの興味を引き出す会話を重ねよう

NG

いつまで遊んでるの！もう寝なさい！

OK

8時になったらお布団に入ってお話ししよう！

こんなとき
どうする!?

レストランや公共の場で騒ぐ子どもを「叱る」以外の方法は？

子どもを叱るときの「最初の一言」を知っていますか？

「叱らずに子育てできれば悩まずにすむのに……」という声もあれば「叱らない親がいるから、子どもがやりたい放題になって迷惑がかかる。叱るべきだ」という声もありますね。

そもそも叱る目的はなんでしょうか。悪いことをしたから罰を与えるという考え方もありますが、それでは子どもの成長は期待できません。

よく見かけるシーンをNGマンガで見てみましょう。

これを繰り返しても、親子で疲れ果てるだけで成長は見込めないでしょう。

たとえ、叱ったときはやめたとしても、「ここ（レストラン）では走り回るのはやめよう」と子どもが自分で考えて行動できなければ、意味はないからです。

親の体裁を保つために人前で叱ってしまうのかもしれませんね。しつけのできない親と思われたくないという気持ちがありそうです。逆に叱る子育てはよくないからといって、全く気に留めない親がいますが、それはただの非常識です。叱らず、放置せず、どうしたらいいのか。次のページのＯＫマンガを見てみましょう。

▼子どもを注意するときには、順番がある

① 子どもを認める言葉をかける

騒ぎ始めたときに、「やめなさい！」と否定する言葉ではなく、ＯＫマンガでは「うれしくなっちゃったね」と子どもの気持ちを認める言葉をかけています。これが大切。

お母さんに自分の気持ちをわかってもらうことで、子どもたちは落ち着きを取り戻します。

そして一緒に食事をする楽しさを感じるはずです。

② 親がお手本を見せる

①のタイミングと同時に、**親が謝っている姿を見ると「大好きなお母さんを謝らせている。なんか悪いことをしたのかな……」と、自分と周りを冷静に見られるようになります。**

マンガの場合は、親が謝ること、親が静かに喋って楽しく食べることがお手本です。

③ ルールを説明する

その後で「レストランは走り回らずに食事をするところだよ」というルールを聞かせます。

これで少しずつ理解できるようになっていきます。
この言葉かけの順番が大切です。

▼「子どもに正論」は意味なし

「ここは食事をする場所で、走り回る場所ではないの」

子どもにわかってほしいことですが、いくら丁寧にルールを説明しても、残念ながらあまり効果がないのは、①と②をすっ飛ばしてしまっているから。

いきなり③の**ルールを説明しても、子どもは「いつも僕のことを否定する」「いつも怒ってばかり」と受け止めてしまって逆効果**なのです。

正論（ルール）を言うときこそ、気をつけねばなりません。

まずは認める言葉をかける。これが鉄則です。

目的は、叱って言うことを聞かせることではなく、子どもが自分で考えて行動できるようにすること。つまり、「自己肯定感のある自律した大人に育てること」だからです。

「叱ったり」「放置したり」「何度も説明したり」するよりも一番効果的なのは、子どもに関心を持ち、子どもの気持ちと言動を「認める」こと。

叱らなくても大丈夫な言葉かけをぜひ実践してみてくださいね。

POINT

叱らず、説得せず、まずは子どもを認める言葉かけから始めよう

NG

やめなさい！
レストランで騒がない！

OK

（周囲に向かって）騒いでしまってごめんなさい。
（子どもに）小さい声で話そうね。

こんなとき
どうする!?

自分からお手伝いする子になってほしい！

▼「手伝って！」がネガティブワードになっている

本書では「〜しなさい」と指示してやらせても、意味がないことをお伝えしてきました。もちろんそれはお手伝いの場面でも同じ。自分で考えて行動する。そんな子どもに育てることが大切ですね。「本当にお伝いする子に育てられるの？」と半信半疑かもしれません。でも大丈夫です。

まずはＮＧマンガを見てみましょう。

このような感じが続くと「お手伝いして！」という言葉が、遊びを中断させられるイヤな言葉としてインプットされてしまいます。これは本当にもったいないことです。

それに、「お手伝いして！」という言葉では、子どもは何をしたらいいのかわからないのです。

自分に置き換えて考えてみましょう。

例えば、新しいプロジェクトに「手伝ってほしい」と呼ばれて、途中から参加したとします。他のみんなは内容がわかっているから着々と進めていますが、自分には何の説明もない、一緒にやってくれる人もいない、となると何をしたらいいのかわからず戸惑ってしまいますね。

この状況は、急に親から「手伝って！」と言われた子どもと同じなのです。

プロジェクトの趣旨や目的がわかれば、考えながら手伝えるかもしれません。具体的に説明を聞きながら一緒に取り組めば、動きやすいし自分の役割が明確になりそうですよね。

子どもにお手伝いをうながす場合も同じです。

「お手伝いして！」という曖昧な表現ではなく、「何をどうしたらいいのか」という言葉を補って伝えてみましょう。最初は一緒にやるところからスタートするのがおすすめです。

ＯＫマンガを見てみましょう。

▼「手伝って！」を他の言葉に言い換える

ＯＫマンガのように「お手伝い」を具体的な言葉に置き換えてみてください。

例えば、

「食器をシンクまで運ぼうね」とお手本を見せながら一緒に運ぶ。

「このふきんで、テーブルを端からこんなふうに拭いてくれたら助かるよ」と一緒に拭く。

「それぞれのお箸をこの向きで並べようね」と一緒に並べる。

こんなふうにお母さんお父さんと一緒にやってみることで、お手伝いもずっと面白くなります。人に言われてやるのではなく、やる意味を見つけられると、さらに効率的なやり方を子ども自身が見つけるかもしれません。

そしてもっと根本的に大切なことがあります。それは、「家族の一員なら家事をするのは当たり前」という考えをもって子どもを育てることです。

ＮＧマンガとＯＫマンガの決定的な違いは、全員が家事に参加していること。お母さんお父さん（場合によっては、おじいちゃんもおばあちゃんも）子どもたち全員が当たり前に家事をする生活が理想ですね。

お母さん（あるいはお父さん）だけが料理したり片付けしたり掃除している間、他の人がリビングでくつろいでいるような家庭では、自分からお手伝いをする子には育たないと思います。それにそんなお父さん（あるいはお母さん）が、「手伝って！」と言っても、説得力はありませんよね。

あるお母さんが「手伝って！」と言ったとき、子どもに「それはママの仕事でしょ！」と言われたそうです。まだまだ今の日本では、「家事＝お母さんの仕事」だと思われている面がありますね。

未来を生きる子どもたちには、男女関係なく家事をするのが当たり前だと育ってほしいものです。そう考えると「お手伝い」という言葉もそろそろ見直さないといけないのかもしれませんね。

POINT

家事は、「手伝って」するのではなく、
家族全員が「当たり前に」しよう

NG

ぼーっとしてないで
手伝って！

OK

（やり方を見せながら）
こんなふうに順番に拭こうね。

こんなとき
どうする!?

どうしたら自分の意見をはっきり言える子に育つの？

「イヤってはっきり言ってごらん」は子どもを否定する言葉

子どもがとてもおとなしいと、自分の意見を言えない子になるのでは？と心配にもなりますね。私の娘も小さい頃そうでしたので、歯がゆい気持ちはよくわかります。けれども子どものときの性格のままで大人になるかというと、あまり関係はないのかもしれませんね。

とはいえ、親としてどう対応すればいいのかを考えてみましょう。まずはよくあるシーンをNGマンガで見てみます。

お父さんは子どもを思ってアドバイスしていますが、子どものほうは少し不安な様子。よく見かける光景ですね。小さい頃は、ものを取ったり取られたりして、いろいろな思いをしながら、人との関係性を作っていきます。

だから親としては、「イヤってはっきり言っていいんだよ」と言いたくなりますね。

でも考えてみてください。もし同じ場面で、今度はわが子が意地でもおもちゃを貸さなかったら、「どうして貸してあげないの？」と言いたくなりませんか？

よかれと思って教えるこうした言葉は、子どもにとっては、どっちの行動をしても、お父さんから否定されたと感じてしまうかもしれません。

それに「イヤってはっきり言ってごらん」とか「自分の意見を言える子になろうね」と何度も言われることで、**子ども自身が自分はイヤって言えない気の弱い子なんだという暗示にかかってしまう**ことは避けたいですね。

ではどうしたらいいのでしょう？　ＯＫマンガを見てみます。

子どもに起こったことやしたことを、そのまま受け止めたお父さん。子どもも安心できているようです。

▼子どもの判断を、そのまま認める

お父さんとしては、イヤと言えないわが子を不甲斐なく感じるかもしれません。でも、子どもが自分の判断でとった行動を、そのまま認めてあげましょう。

「貸してあげて優しい子ね」や「貸さないなんて自己主張の強い子ね」と言った評価ではなく、「貸したんだね」とか「貸さないんだね」と**子どもの判断を認めることが大事**です。

子どもが判断しているようには見えなければ、それがお子さんの個性であり、まずはそのまま認めましょう。

▼意見を言えるようになる、おうちトレーニングとは？

十分にお子さんを認められたら、今度はちょっと違った遊びを取り入れてみましょう。

お子さんが「おもちゃ、ちょうだい」と言ったら、いつもなら「はいどうぞ」と渡すところを、

「うん。これは、今、パパが遊んでいるから、ちょっと待っててね、後で貸すね」

とか、

「パパもこれで遊びたいから、交代で順番に遊ぶのはどう？」

とか、

「いいけど、このおもちゃをそのおもちゃと交換してくれる？」

など、**お友だちとのシーンを想定して、遊びの中に取り入れてみる**といいですね。

こうしたやりとりを遊びの中から自然に学んでいけるように、お手本を見せてみましょう。

お子さんに「してほしいこと」は、親がお手本となってやってみると、子どもは自己肯定感を育てながら、自分がしたい行動を考え選び取っていくことができます。

POINT

自分の意見を言わなくても、
子どもの判断をそのまま認めよう

NG

イヤならイヤってはっきり
言わなきゃだめだよ！

OK

そっか、◯◯したんだね。

こんなとき
どうする!?

「今日は行きたくない！」突然の登園拒否には何て言えばいい？

▼「行ったほうがいいよ」「休んでいいよ」どっちが正しい？

園や習い事など今まで楽しそうに通っていた子どもが「行きたくない！」と言い出すと、親としてはオロオロしますよね。まずはＮＧマンガを見てみましょう。

多くのお母さんお父さんが「行った先での楽しいこと」や「行く意味」などをお話しして、なんとか説得して行かせようと努力されますよね。

それでお子さんも納得して「行く！」となる日もあるかもしれません。

また逆に最近は「無理に行かせなくても、子どもの思いを汲んで休ませよう」という風潮もありますね。お子さんの様子を見ながら、休んだほうがよいと思えたなら、休んでもいいでしょう。

「行ったほうがいいよ」「休んでいいよ」のどちらも提案のように聞こえますが、実は、親

が意思決定することが前提になっているのです。

NGマンガのやりとりは、子ども自身の考えが入っていないのがわかりますか？　この会話を続けていると「自分のことを自分で決められる人」には育たないかもしれません。

OKマンガを見ながら、わかりやすくステップを紹介しましょう。

①　行きたくない感情を受け止める

「行きたくない！」に対しては、まず「行きたくないんだね」とその時の感情を受け止める言葉をかけましょう。

「どうして行きたくないの？」と聞いてしまいがちですよね。これだと子どもは責められている気持ちになって、自分の考えを育むことができなくなってしまう恐れがあります。

「どうして？」はなるべく使わずに、会話を重ねられるといいですね。

②　がんばりを認める言葉をかける

子どもの「行きたくない！」には、実は「がんばってる自分をちゃんと見てほしい」という気持ちが込められています。

親は「行く or 行かない」に終始してしまいがち。でも、まずは子どものうまく表現できない思いを受け止めることに、意識を向けてみてください。説得されることや許可されることを、子どもは望んでいるわけではないのです。

お母さんお父さんも、自分のことに置き換えるとわかると思います。

ごはんを作って「おいしいね！」「今日もありがとう！」って言われたら、がんばれますね。

でも、毎日作るのが当たり前だと思われて、何も言われなかったらどうでしょう？「今日は、もう作りたくない！」って思う日も出てきませんか？

そのとき「どうして作らないの？」とか「作らなくていいよ。出前でいいんじゃない？」

と言われたら、「そういうことじゃあないんだけどなあ……」と複雑な気持ちになりますね。

お子さんも同じです。がんばっていることを言葉にして伝えましょう。わかってもらえたら、子どもは元気を取り戻してまたがんばれるもの。お母さんお父さんに「わかってほしい」「認めてほしい」なんて健気でかわいいと思いませんか?

▼相談してもらえる親になる

認めながら話をしていく中で、行きたくない理由がわかったら(今回の場合は足が痛いこと)、それを解決するための手段があることを伝えましょう。この場合は「足の成長に合わせて、サイズに合った靴を買うこと」です。

幼児だと、改善策を考えることはまだ難しい時期です。親が情報を出して、提案することで「抜け出せる方法があるんだ」ということを学んでいけます。

実はこうした積み重ねで、この先、お子さんが深刻な問題にぶつかったときにも、安心して親に話すことができ、一緒に解決できる関係性を育てられます。

POINT

「行く・行かない」よりも、
当たり前にがんばっていることを認めよう

NG

どうしても行きたくない
なら休んでもいいよ。

OK

そっか、今日は行きたく
ないんだね。
よくがんばってるもんね!

子どもの力を認めて伸ばす言葉

子どもが自信を持ち、力を発揮するためには、
その子の工夫やがんばりを見つけて「そのまま認める」
ことが大切です。子どもの自己肯定感がアップし、
内に秘めた力がぐんぐん伸びる言葉をご紹介します。

こんなときどうする!?

気づけばいつもぐちゃぐちゃ……片付け上手に育てたいのに

▼片付け力がアップする3つのステップ

お母さんお父さんからのご相談で一番多いのが、ズバリ「片付け」です。

おもちゃも絵本もぜーんぶ出しっぱなしで遊び続け、そこに取り込んだままの洗濯物も加わって、お母さんお父さんのイライラも募ります。

NGマンガを見てみましょう。

何度叱っても片付けできるようにならず、疲れますね。

そもそも子どもは、片付けのやり方を知りません。だからお母さんお父さんが一緒に片付けて、お手本を見せることが大切です。OKマンガを見てみましょう。

子どもが出したおもちゃは、子どもが自分で片付けるべき。

そう考えるお母さんお父さんも多いはず。ある意味、正論です。
でもそれは、片付けの意味がわかるようになった後の話。
なぜなら、**「片付けたい」のは親だけで、できれば子どもは遊びかけのおもちゃを「出しっぱなしにしたい」**からです。

NG

片付けなさい！
こんなに散らかして！

え～
まだ遊ぶの！

なんでいつも遊んでる途中に怒るの？

ぬいぐるみはここじゃないよっ！

それでは片付け力がアップする3つのステップを見てみましょう。

① 一緒に片付ける（子どもにやらせずに、お手本を見せる）

「ブロックは、この箱に入れるね」「本は棚に並べようか」

「パズルはなくならないように、数を数えてから、しまおうね」

こんなふうに一緒に片付けをしていくと、実はたくさんのことを学べます。

- **おもちゃを同じ種類に分けること**
- **本を1巻、2巻と順番に並べること**
- **手触りや色の違いを確認すること**

こんな学びを得られるのです。

成長に合わせて、楽しく、知的好奇心をくすぐるような言葉かけをすることがおすすめです。やらせたり、ダメ出ししては逆効果です。例えば、

「お母さんとどっちが早くたくさんのボールを箱に戻せるのか競争しよう！」

「このぬいぐるみは、どこに戻すのか教えてくれる？」

などと遊びの要素を入れたり、教えを請うと、子どもも得意になって片付けをしてくれます。そうやって片付け方を１つ１つ覚えることで、だんだん一人で片付けられるようになり

ます。

② 片付いた部屋を一緒に見回す

片付けたお部屋を一緒に確認しましょう。

「部屋がきれいに片付くと気持ちいいね」「寝転がったり、ダンスできるね」

部屋をこの状態にすると、また新しい遊びができるんだ！ということを言葉でしっかり伝

えることがポイントです。

子ども自身が、片付けるといいことがある（この場合は、片付いた部屋ではダンスができる）ことを実感するのが何より大切です。

③ 約束を守る

最後に、約束は絶対に守ってくださいね。今回は「ダンスをすること」です。片付けをさせるために1回でも約束を破ると、せっかくの積み重ねが台なし！　これだけは要注意です。

このステップの繰り返しで、片付けたお部屋の気持ちよさがわかるようになり、それが、片付ける動機になります。とはいえ、自分から率先してどんどん片付けるようになるのは、まだ先の話。

でも大丈夫。実は、**モデルルームのように片付いたお部屋よりも、昨日遊んだおもちゃがそのままになっているほうが、子どもの前頭葉が活発になって遊びに工夫が生まれるようになる**と言われています。

子どもが小さいうちは、「片付けなさい！」とあまり怒る必要はなさそうですよ。

POINT

自分で片付けさせる（正論）ではなく、片付け方（方法）を一緒に学ぼう

NG

早く片付けなさい！

OK

一緒に片付けよう！
その後○○しよう。

こんなとき
どうする!?

子どもの習い事選びで失敗したくない！

▼いろいろ習わせてあげたい。でも何を習わせればいいの？

子どもの習い事選び、迷いますよね。それに、「子どもがやりたいって言うから習わせたのに、全然練習しません！」というご相談も多いです。でも、最初から進んで練習するお子さんは、ほんの一握り。よくあるシーンをＮＧマンガで見てみましょう。

もし、このように習い事を決めていたら、危険信号かもしれません。

実は、このように、**「子どもの意思を尊重している」と思い込んでいる方がとても多い**です。

「やりたい！」という言葉の真意を、もう一度思い返してみてください。

私は職業柄、世界で活躍するアスリートや芸術家にインタビューする機会が多いのですが、

「やりなさいと親から言われたことはない」と言う方がほとんど。裏を返せば、才能を見出すために習わせなきゃと親が焦る必要はなさそうですよ。

それでは習い事を決めるための3つのステップをご紹介しましょう。

①「スキルを身につけるため」という考えをやめる

ピアノが上手に弾けるようになる。
そろばんで掛け算ができるようになる。
クロールで泳げるようになる。
こういったスキル向上のために習い事を始めるのは、いったんストップしましょう。

②「努力の方法を習うため」と考える

「努力の方法を習うために習い事を始める」と考えてみてください。
例えばピアノなら、弾けるようにがんばる努力の仕方を学ぶ機会だと考えましょう。
「ほめる」or「挑発する」と、努力できるのか。
「ママと一緒」or「1人」なら、努力できるのか。
「発表の場がある」or「ない」と、努力できるのか。
「ライバルがいる」or「いない」と、努力できるのか。
「夜」or「朝」に練習するほうが、努力できるのか。

などなど、その子に合った努力の方法を編み出す機会と捉えると前向きになれますし、上達しないことで怒ったりイライラしなくてすみ、少し気が楽になりませんか？

それに、怒ってやらせるより、幼いときに努力する方法を身につけてしまうほうが、これからの人生で何事にも自発的に力を発揮できるようになるはずです。

③「誰に習うか」を考える

「何を習うか」に議論が集中しがちですが、それよりも「誰に習うか」のほうが重要です。なぜなら「努力したい！」と子どもが思える魅力的な講師や仲間に恵まれるかによって、習得できるかどうかが変わるからです。

OKマンガを見てみましょう。

OKマンガのように子どもと一緒に見学や体験に参加して、**いくつかの選択肢の中から、子ども自身が選ぶことが大切**です。子どもが選びやすいように、親は情報を整理してあげるといいですね。しかし子どもは親が何を習わせたがっているのかを忖度します。ですから親の気持ちや価値観はひとまず横に置いて、情報だけを伝えることが大切です。

自宅と教室の道を、実際に一緒に歩いてみるのもいいですね。

▼失敗しない先生選びのポイント

親が勝手に教室を決めるのはNGです。そして何より、**子どもが習いたいと思える先生を選ぶことが重要**です。なぜなら相性があるから。

先生には厳しい指導を求めたいと親が思っても、子どもがやる気を削がれてしまっては意味がありません。子どもがやる気になる（努力できる）ポイントを見極めて先生にお任せできるといいですね。


習い事の楽しさがわかっていても、自由度が低いと楽しめないお子さんもいます。

マンガのような場合、課題曲を先生がシステマチックに決めるのではなく、子どもが弾きたい曲を決められる、柔軟性のある先生の教室を選ぶといいですね。決められた課題では練習しない子どもも、好きなことなら努力を惜しまずにがんばれるはずです。

この過程で、努力する方法を身につければ、その後は決められた課題も練習してできるようになっていくはず。

逆もまた然りで、先生に決めてもらったほうが、安心して取り組める子どももいます。

親が事前に相談して、一緒に進められる先生かどうかを判断してください。

ＯＫマンガに登場するＡ先生は、優しそうで一見よさそうですが、もし子どもとのコミュニケーションよりも親を優先してしまうような場合はＮＧです。**目の前にいる子どもよりも親のほうを意識していたり、親に向かって話をしたりする先生は、後々うまくいかない**ことが多いので、避けましょう。

もちろんお子さんが決めた習い事でも、うまくいかない場合もあります。

でも、努力する方法を模索するためだと思えば、気が楽になりませんか。

それに、やらせてできるようにするよりも、どんなときに子どもがやる気になるのか、どんな言葉で乗り越えられるのかが見えてくると、親子で一緒に努力できるようになると思います。

それこそが身につけたい力なのではないでしょうか。

POINT

何を習うか（スキル）よりも、誰に習うか（努力する方法）を子どもが決めよう

NG

○○ちゃんが習っている先生に習おう！

OK

一緒に見学に行こう！

こんなとき
どうする!?

ドリル学習はやらせたほうがいい？

子どものドリル学習で絶対にやってはいけないこと

幼児用の知育ドリルや、通信教育のドリルをやらせているご家庭も多いようです。子どもに「みんなやっているから、やる？」と聞いたら「やりたい！」と言うから始めたのに、結局は全然やりません。やめさせたほうがいいのでしょうか？と悩むお母さんお父さん。前のページのピアノの習い事と同じですね。こんなときはどうしたらいいのか考えてみましょう。まずはＮＧマンガを見てみましょう。

そもそも「わが家はドリルをやらせていないけど、始めたほうがいいの？」と悩む方もいるかもしれませんが、やらせる必要はないと思います。やらせても、やらせなくても、実はあまり関係ありません。つまり、やらせるドリルには意味がないのです。「子どもがやりたいって言ったのに？」」と思われるかもしれませんが、**子どもがドリルの中身を理解して「やりたい」と言って、初めて意味が生まれます**。ですから無理に始める必要はありませんし、続かないならやめていいと思いますよ。

元来子どもは生まれたときから、知的好奇心にあふれています。

知らないことを知りたい！

次はどうなるのか見てみたい！

自分ができるのか挑戦したい！

そんなふうに思える力を、どれだけ伸ばしてあげられるか。それがその後の人生に影響します。

▼子どもの興味を観察する

絶対にやってはいけないのは、親がドリルを選び、やる時間を決め、分量を決めてやらせること。これは子どもの知的好奇心を削ぐことにつながります。

そんなことにならないために、まずは、お子さんが何に興味を持っているのか、日頃からよく観察しましょう。

- **図形が好き**
- **鉛筆で書くことが好き**
- **カラフルな色が好き**
- **質感にこだわりがある**
- **タブレットが好き**

- 音に敏感
- キャラクターが好き

などなど。その上で、**本屋さんやネット、図書館でいろいろ見ながら、子どもが興味を持ったものを選んでみてください**。OKマンガを見てみましょう。

このOKマンガのように一緒に話して、興味を引き出しながら決められるといいですね。

▼親が買い与えたいものに誘導していませんか？

時々、子どもが興味を持ったものではなく、親が買わせたいものに誘導している場面を見かけます。それは子どもが選んだとはいえません。「自分で決めて自分でやる」という自主性を奪うことになるので、やめましょう。

時には、具体的なものを用意すると学びが深まります。足し算や割り算などは、机上で計算するだけではなく、クッキーやピザを家族で分けたり、ジュースをメモリのついたグラスに分けたりしながら、興味を育んでみましょう。

ただ、子どもが選んだからといって、続くわけでもないのが悲しいところ。せっかく買ったんだから、やりきってほしい！と思う親心もわかります。

そんなときは、**親がドリルを解いてみるのをおすすめします。親が楽しそうに問題に取り組む姿を見せると、子どもは自分もやりたくなります**。

ドリル（に限らずですが）は、やらされるものではなく、楽しく自分の力を試すものとして、小さいうちから興味を持たせられるといいですね。

POINT

やらせてできるようにする（習慣）より、一緒にやって（興味）を持たせよう

NG

○○ちゃんと同じドリル買ってきたよ！

OK

いろいろあるね！一緒に選ぼう！

こんなとき
どうする!?

「買って買って！」が止まらないときはどうすべき？

▼「買って買って！」の本当の意味

買い物は毎日のルーティーン。そこで毎回駄々をこねられると、気持ちもなえてしまいますよね。

子どもの「買って買って！」の声に気持ちを持っていかれる前に、まずは子どもがそれを欲しがる理由を考えてみましょう。ＮＧマンガを見てみましょう。

約束は、双方にメリットがあって初めて成立するものです。

このマンガの場合、**親が一方的にルールを押し付けている**のがわかりますか？　これではあまり意味がありません。

親としては、家族みんなのための買い物なのですが、子どもにとっては、あれこれ禁止さ

れるつまらない時間なのかもしれません。
実は、本当に「買ってほしい」わけではなく、**親を振り向かせるための言葉が「買って!」になっている可能性**があります。
「買って買って!」が始まってからの対応よりも、その前の段階が大切なのです。ＯＫマンガを見てみましょう。

▼買い物の時間で子どもの「プレゼン力」アップ

親の買い物に付き合わされるつまらない時間ではなく、ＯＫマンガのように子どもが「自分も役に立っている！」と思える時間にできるといいですね。

自分が関心を持ったものに、親も肯定的に反応してくれる。これを繰り返すと子どもも満足し、親を困らせるような「買って買って！」を言わなくなります。

それに、絵本や図鑑で見るだけではなく、スーパーは実際に果物や野菜、魚などの食材をまるごと見られるチャンス。商品なのでさわれませんが、**買うと決めたものは、ぜひお子さんに一度持たせてみて、手触りや重さなど、実感できるといいですね**。

子どもが言った言葉に対して、すべて否定的な言葉で返すより、いったん、受け止めてみてください。子どもの学びを深める時間に変えてしまいましょう。

それでも、「買って買って！」が止まらない場合は、プレゼン力（そのよさを説明すること）を育む時間に変えてしまうのがおすすめです。

「このチョコが欲しいんだね。こっちのチョコと何が違うの？　どっちが好き？」
「このチョコは、いつものアイスが２個買える値段だけど、どっちがいいかな」
「これは、丸い形のチョコだけど、こっちは、恐竜の形だね！　どっちがいい？」
「このチョコを買うのと、家でチョコクッキー作るのと、どっちがいい？」

こんなふうに、**親を説得するような理由を引き出す対話**を重ねましょう。

その積み重ねで、子ども自身が、

- **自分の好み**
- **選ぶときの基準**
- **買うことのメリット**

などを考えられるようになっていきます。

値段の高い／安いは、まだ子どもには理解できません。よく知っているものと比較して話すと、子どもなりに判断できる材料になります。

「欲しいものを手に入れる」ために、自分にできることは何か？

その根拠をどうやって示すか？

そういった考える力を育てるのは、机の上での勉強だけではありません。日常の生活の中に、たくさん転がっているのです。

POINT

言い聞かせる（約束）より、
子どもの（プレゼン力）を育てよう

NG

お菓子は買わない
約束でしょ！

OK

これが欲しいんだね。
こっちとは何が違うの？

こんなとき
どうする!?

子どもに我慢させるのはいけないことですか?

「受け身の我慢」と「自発的な我慢」。どっちを育てる?

「娘が泣き虫なので、**我慢できるようになってほしい**と思って〝泣かずにがんばろうね〟と常に声をかけていたら、顔を引きつらせながら我慢するようになってしまいました。今からでも「泣いてもいいんだよ」と言ったほうがいいでしょうか」。

多くのお母さんお父さんから我慢に関するご相談をたくさんいただきます。

まずはNGマンガを見てみましょう。

いかがでしょうか? そんなに悪い言葉かけではないように思いますよね。

まず「我慢する力」とは何かを考えてみましょう。

一般的に「我慢」は、人や環境から押し付けられた圧力に耐える意味で使われます。つまり「受け身の我慢」です。

しかし、**子どもの成長で大切な我慢の力とは、自分の気持ちをコントロールできる「自発的な我慢」です**。

自発的な我慢とは、自分の目的のために、何をすべきかを考えて自己抑制できることです。

ミーちゃんは、「ジャングルジムに登りたい」「蜘蛛の巣の前を通りたい」という自分の目

的に向けて、泣くことを我慢しているので、自発的な我慢の力が育っています。

ですから、**お母さんがここで「我慢しなくてもいいよ」というのは、考えてみればおかしな話**。心配するお母さんの気持ちはよくわかるのですが、この場合は「認める言葉」をかけましょう。「我慢しなくていいよ」も認める言葉ではないの？と思いますよね。実はこれ、認める言葉ではないのです。OKマンガを見てみましょう。

「無理しなくていいよ」がNGの理由

OKマンガとNGマンガとの決定的な違いは、「無理しなくていいよ」「泣いてもいいよ」「我慢しなくていいよ」といった、許可の言葉を使っていないことです。

「無理しなくていいよ」という言葉は、子どもを認める言葉にも聞こえます。でもこれは**親が判断を下している言葉**。認める言葉ではありません。同じ意味で、「我慢しなくていいよ」も一見、認める言葉のように感じますが、せっかく子どもが自主性を伸ばそうとしているのを妨げる可能性があります。気をつけましょう。

「我慢できたからえらいね」も一見、認めている言葉のように感じますが、子どもは「我慢

できる子」という期待に応えようとして、自分の意思とは違うことを演じて苦しくなる可能性があるので、気をつけたいですね。

それでは何と言えばいいのか？　お子さんの行動や気持ちをそのまま言葉にして認めるだけでいいのです。子どもが「怖い……」と言えば、**「怖いね」**。子どもが「てっぺんまで登っ

た」ら、**「登ったね」**。これが認める言葉です。そう、とっても簡単なことです。

▼我慢の力を育てる2つのポイント

認める言葉をかけた上で、我慢する力を育てるためにポイントは2つ。

①自発的な我慢の力は、おおむね4才以降に発揮されることを知る

子どもに我慢させることよりも、欲求や意欲を育てることが先です。0才から無理に我慢させたり、子どもに無関心だったりすると、4才以降に育つとされる「我慢の力」が十分に育たないことがわかっています。

②親がお手本を見せる

一緒に挑戦したり楽しんだりする姿を見て、子どもも安心して挑戦できるようになり、自分が本当にしたいことやすべきことは何かを考えられるようになり、自分を抑制できるようになります。

もちろん親が我慢する姿を見て、子どもも覚えていくことを忘れずに。

POINT

我慢する力は、やりたいことを思いっきりやって認められた後に、育つ

NG

我慢しなくていいよ。

OK

怖いね。よくがんばったね！

こんなとき
どうする!?

子どもがじっとしていられないとき、叱る？　あきらめる？

子どもの集中力に対する親の勘違い

同年齢くらいのお子さんがいるイベントや集まりなどで、自分の子どもだけがじっとしていられないことがありますよね。うちの子、大丈夫かしら?と心配するご相談をたくさんいただきます。

まずはＮＧマンガから見てみましょう。

じっとできない子どもは、集中できない子だと思っているお母さんお父さんにお伝えしたいこと。

それは、**動き回る子は「じっとできない子」なのではなく、「自分の興味に夢中な子」だということ**です。むしろこのときに「座りなさい！」「ダメでしょ！」「やめなさい！」と言って、子どもの気持ちを抑え込むことで自己肯定感も育めなくなります。

じゃあ、じっとしている子はただボーッとしているだけ？と思うかもしれません。それも間違いで、**「じっと座っている子」**も**「じっと座って（自分の安全地帯で観察するなど）いることに夢中な子」**なのです。ＯＫマンガを見てみましょう。

▼子どもの集中力の育て方とは？

ＯＫマンガはいかがでしたか？　じっと座らせたいのに、一緒に走ってどうするの……？と思われたかもしれませんね。でもね、今、このお子さんは、走り回ることに夢中です。私から見ると、走ることに集中していて、すごい力。グングンと集中力を育てている最中に見えるのです。

実は、好きなことに没頭できた子どもは、集中力を育むことができます。

この場合は、走り回ることですが、他にも、アリに夢中になったり、紙をビリビリ破ったり、絵本の同じページを何度もずっと見ていたり、親にとってはやめてほしいことだとしても、**子どもは楽しむことで、しっかり集中力を育んでいます**。

多くのお母さんお父さんは、子どもがせっかく集中しているのに、途中でやめさせて、嫌がること（マンガの場合はじっと座らせること）をさせてしまいがちです。

残念ながらこれでは、集中力は育ちません。逆効果ですね。

もう少し大きくなって、**机にじっと座って集中できるためには、今子どもが自ら没頭する**

ことを、親が一緒に楽しんでやらせられるかどうかが、大事なのです。

▼思い切り楽しめた子ほど、集中力を発揮する

このときのポイントは、子どもが没頭していることを苦々しい顔で黙認しないこと。

マンガの場合、走り回る子を「仕方ない……」とあきらめて放任するのではなく、ぜひ、「今、集中力を育んでるのね！」と前向きに捉え、認められるといいですね（もちろん周りの人の邪魔にならないよう気をつけて）。

先に子どもが自分のしたいこと（走り回ること）を認められて満足すると、その後はイベントにもちゃんと参加できるようになります。

集中力をしっかり育んだお子さんは、成長して、机に向かう時期になったときにすごい力を発揮します。

集中力とは、親の言うことを聞いて、じっと座っていることで育まれるのではないのですよ。

心配せずに、どうぞ一緒に楽しんでくださいね。

POINT

じっとできないことを一緒に楽しむことで
集中力を育てよう

NG

どうしてじっと
座ってられないの！

OK

（今、集中力を育んでいるのね！）

こんなとき
どうする!?

遊ばなくなった子どものおもちゃ、すぐに捨てるのはよくない？

▼「捨てる・捨てない」で議論しない

もう遊ばなくなったおもちゃを処分したい。でも子どもの気持ちを考えると、なかなか捨てられない……。**上手におもちゃとお別れするために、親子でどのようにコミュニケーションをとったらいいのでしょうか**。NGマンガを見てみましょう。

子どもに聞くと「捨てないで！」と泣いて暴れるので、見つからないようにこっそり捨てています……という方も多いです。

一方で、飽きたらすぐに捨てることを習慣にするのも、モノを大切にする心が育たなくなるのでは？と心配で、捨てられない方も多いのではないでしょうか。

- **モノを大切にすること**

・モノを捨てること

この2つは、まったく逆の意味のように感じますよね。

でも、よくよく考えてみると、使わなくなったモノを放置したり、押入れの奥底に眠らせたままにしていることは、「モノを大切にしている」とはいえないと思いませんか？

▼モノを大切にするってなんだろう？

「捨てる」「捨てない」でおもちゃを見るのではなく、「モノを大切にするとは何か？」という視点で、子どもとおもちゃについて話してみるのがおすすめです。

ＯＫマンガを見てみましょう。

え？　こんなにうまくいくはずないって？　たしかに1回ではこんなにうまくいかないかもしれません。でも、おもちゃを放ったらかしにするほうが、悲しいことだと思いませんか？

ＯＫマンガのように、**おもちゃが「誰かの・何かの」役に立つためにはどうしたらいいか？**という視点を持ってみましょう。すると会話も少しずつ変わっていきます。

こうした発想が、本当の意味でモノを大切にすることにつながります。このことに気づける会話を意識するのがポイントです。

大人は、おもちゃの価値を値段で判断しがちですね。でも子どもにとっては値段なんて関係なくて、こだわりや思い出が詰まっているモノこそが大切なおもちゃ。子ども自身が、自分で考えて、答えを出せるといいですね。

「使ってないなら捨てるよ」
「片付けないなら捨てるよ」
といった声かけでは、モノを大切にする気持ちはなかなか育たないかもしれません。

▼別れ方が身につくと、買い方がわかる

おもちゃの一生について、親子でお話をしてみてください。すると「もう自分は十分に遊んでおもちゃを卒業した」ことがわかってきます。また、そのおもちゃについて話すのも面倒な場合は「もう自分は今は興味がない」こともわかってきます。

処分するモノを決められない場合は、好きなモノや必要なモノを選んでみるのがおすすめです。**捨てるモノを選ぶより、好きなモノを選ぶほうが、ポジティブ。**子どもの目の輝きも変わります。そして、

「もう、このおもちゃとはバイバイする」「このおもちゃは、あの子にあげる」など、自分で決められるようになっていきます。

この積み重ねで、おもちゃと上手にお別れできるようになっていくのです。

さらに、親子でたくさん話し、捨てることに悩んだからこそ、新しいおもちゃを買うときに「本当に欲しいのか？」「本当に使うのか？」を考えて選べるようになっていきます。

こういった選択が、モノを大切にすることにつながっていくのです。

POINT

「捨てる・捨てない」ではなく、
大切にするために「話す」ことを重ねよう！

NG

全然遊んでないよね？
もう捨てるよ！

OK

このおもちゃ、どうしようか。

こんなとき
どうする!?

きょうだいゲンカを解決する効果的な方法は?

ケンカは「対話のコツ」を学ぶ場に

おうち時間が増えると、きょうだいゲンカも増えますね。

ケンカが始まる。

↓「仲よくしようね」と優しく伝える。

↓ケンカをやめないどころかヒートアップ。

↓親は、結局怒ってしまう。

↓子どもたちは、泣いて終わる。

……という繰り返しで、「親としてどう接したらいいですか?」というご相談がとても多いです。NGマンガを見てみましょう。


子どもたちにとっては、ケンカも「ストレス発散の一部」かもしれませんね。

どうせケンカをするなら、いっそ対話のコツを学ぶ場に変えてしまいましょう。

「ケンカから学べることなんてあるの？」と思うかもしれませんが、

- **外での上手なケンカの仕方**
- **上手に自分の意見や考えを伝えること**

きょうだいゲンカからは、こんなことを学べるようになるのです。

▼親は通訳に徹する

「どうやってケンカをやめさせるか？」という発想では、子どもたちの

- **主張する力**
- **交渉する力**
- **妥協点を見つける力**

などが育つ機会を奪うことにもなります。非常にもったいないですね。

だからといってケンカを放任しても、こうした力はなかなか育ちません。ぜひ親が「言葉」という武器を与えて、話し合いができるように努めましょう。

そのために親にできることは、「通訳」に徹することです。ＯＫマンガを見てみましょう。

きょうだいゲンカが始まったら、ＯＫマンガのように通訳を繰り返します。

うまく言えない気持ちを親が言葉に置き換えていくことで、子どもも表現力が身につき、言葉で伝えられるようになっていきます。

親が、どちらにも正論を強要せず、中立的な立場で向き合うことで、子どもは安心します。

そして自分がすべきことを考えられるようになっていくのです。

親としては、正しい解決法を教えなければ！という思いから、**どちらが正しいのかを決める「裁判官」になってしまいがち**です。親が裁判官になると、子どもの自分で考える力は育ちませんし、何よりフェアではありません。きょうだいには、感情の伝え方や体力などに年齢差があるので、その不公平感を「通訳」に徹して埋めてあげられるといいですね。

▼ケンカは親が解決するものではない

あきらかにお姉ちゃんが悪いとわかっている場合でも、通訳に徹してくださいね。**どちらが「悪い」「正しい」を決める必要はありません**し、決められないと思います。

自分の考えや希望をどう説明をしたら、わかってもらえるのか?を考える練習にしてしまいましょう。きょうだいゲンカが、これからの長い人生の中できっと役立つはずです。

ケンカが続くようなら、「いや」に対して、条件（例えば、「そおっとだったら触っていいよ」など）をつけるのもおすすめです。**「いいよ」と言える練習になります。**

こんなに丁寧に接する余裕がない……という方も多いかもしれません。でもケンカのたびに怒ってやめさせ続けても成長はありません。

目標は、この先子どもたちが自分でケンカを解決（議論）できるように育てること。遠回りに見えますが、きっとこれが早道です。

理不尽なことや思いどおりにならないことにぶつかったとき、自分で解決できる力を持つ子に育てていけるといいですね。

POINT

きょうだいゲンカには「裁判官」ではなく「通訳」に徹して、表現力をつけよう

NG

お姉ちゃんなんだから貸してあげなさい！

OK

お姉ちゃんは、どうしたいの？

こんなとき
どうする!?

子どものやる気を育てたいとき、一番よい言葉は？

▼子どもの〝やる気を持続〟させる「親子の会話」とは？

この本では、「ほめてやらせる」より、「子どものしていることを認める」ことで自己肯定感を育て、自らのやる気を伸ばそうとお伝えしています。

今回はさらに「認めることで、子どもがもっとがんばれる言葉」を考えます！

いつもは「ＮＧマンガ→ＯＫマンガ」の流れですが、今回は「ＯＫマンガ→もっとＯＫマンガ」で解説します。

まずはＯＫマンガから見てみましょう。

• 子どもに「読んで」と言われた絵本を、お母さんが一言目に「うん！」と笑顔で言ったことで、みんながいい気持ちになりました。

●続けて「面白いよね」と受け止めたこと。**親が読ませたい本ではなかったとしても、まずは、認める言葉が大事**です。子どもは自分が認められた後でなら、相手の気持ち（この場合はお母さんの忙しさ）も認めることができます。

●さらにお姉ちゃんは、弟の読んでほしい気持ちも認めることができました。

さあ、このよい流れに乗って、お姉ちゃんがもっと成長してくれる言葉かけがあります。

それは何だと思いますか？

マンガの続きを見てみましょう。

子どもはいつだって親の会話を聞いている

お母さんとお父さんの会話を、お姉ちゃんはしっかり聞いていて、さらにやる気になりましたね。

なぜでしょう。

実は、直接言われた言葉がうれしいのはもちろんですが、**親が会話しているのを間接的に聞くほうが影響は大きい**のです。

大人でも同じですね。直接上司からほめられるのもうれしいですが、「部長があなたの企画とてもいい！ってすごくほめてたよ」と同僚から聞くほうが、数倍うれしくなります。

なぜなら、**間接的に聞く言葉は真実味を帯びる**からです。

直接的な言葉は、時に優しい嘘や社交辞令が含まれることを知っているのです。

親だけの会話、ママ友パパ友同士の会話、親と先生の会話などは、近くで聞いている子どもに大きな影響を与えています。

ここぞ！といううれしいことや続けてほしいことは、ぜひ、子どもが聞いていなさそうで聞いているところで話して喜びを広げましょう。

（注：意図的に多用すると、子どもは見抜きますのでご注意を）

▼その親心が、子どもを傷つけている

反対に、気をつけたいのは、ネガティブな言葉も数倍、影響を与えていることです。

「あの子、こんなに悪いことしたのよ！」と夫婦で話したり、

「うちの子、全然ダメなの」とママ友、パパ友同士で謙遜したり、

「私のいうことを全然聞かなくて、どうしたらいいですか」と先生に相談したり。

親としては、子どもが少しでも変わってくれれば……と思うのはわかります。

でも子どもは、深く傷ついているのです。

叱るときは、顔を見て直接伝えましょう。**間接的に叱るのは、NG**です。

本人に直接伝える言葉は気をつけても、日常的に話す言葉は不用意になりがちです。本人に向けた言葉ではない会話こそ、日頃から気をつけたいですね。

POINT

直接伝える言葉以上に、お母さんとお父さんの会話の力で子どものやる気アップ！

OK

○○してくれるなんて、ママうれしいな。

もっとOK

（間接的に）今日はお姉ちゃんが○○してくれたのよ。

第4章 子育ての不安が消える言葉

子育てには不安や心配がつきものです。

でもそんなときこそ、子どもだけでなく自分のがんばりも「そのまま認める」視点が持てたらいいですね。子育てによくある不安がラクになる言葉をご紹介します。

こんなとき
どうする!?

小学校入学までにできるようにしておくたった一つのことは？

▼それ、本当にできないとダメなこと？

小学校の入学を控えるご家庭では、心構えはもちろん、準備すべきものも多くて大変ですね。インターネットで〝入学前にできるようにすべきこと〟なんていう記事が目に入る機会も増えて、落ち着かない気持ちになります。

「〇〇ができないと、小学校に入ってから困るよ！」と叱って、やらせてしまいがち。どんな声かけをしたらいいのか見ていきましょう。

まずはＮＧマンガを見てみましょう。

「〇〇できないと学校で困るよ！」と言いたくなりますね。

本当にそうでしょうか。

早起きできない（しない）大人も、脱いだ服をたため（ま）ない大人もいます。「早く食べなさい」と言われていたのに、大人になると「ゆっくり食事を楽しみましょう」と言われます。**言われてできるようになるなら、大人になったらみんなできるはず。でも、できない人、やらない人がいます。**それに状況や文化が違えば、すべき内容も変わります。「やらせよう！」とするのではなく、子ども自身が考えて判断できる言葉かけをしましょう。

今回は、園と学校で異なる点を理解した上で、言葉かけを考えてみます。

OKマンガを見てみましょう。

▼できないことを気にしすぎなくてもよい

NGマンガのように、子どもが「うーん……」もしくは「イヤ！」などとしか答えられない言葉かけでは、いつまでたっても自分の考えを育めません。

OKマンガのように、子どもが考えて話せるような言葉かけができるといいですね。子どもも頭を使うので目が覚めますし、今日1日のやることが明確になって、元気になります。

子どもが脱いだ服を、その場でたたむ様子を見せましょう。そして時には、自分でたためるように服を渡しながら、一緒にできるといいですね。

たたまずにそのまま洗濯機に入れるご家庭もあるかもしれません。

いずれにしても、急に何でもできる小学生になるわけではありません。毎日の積み重ねが大切です。

また、こうしたことは、園や学校ではちゃんとできていて、家では単純にやらないだけかも。ですから、やらないことをそんなに気にしなくてもいいようにも思います。それはそれで、ONとOFFを使い分けられるようになったということ。成長した証拠ですね。

それよりも、小学校までに身につけたいことは、ただ1つ。

それは、**学校であったことをお母さんお父さんに何でも話せる信頼関係を作っておくこと**です。それ以外は、子どもの成長に合わせてゆっくりでいいと思います。

▼園と小学校の最大の違いとは

園と学校で大きく異なるのは、学校での様子がわからないこと。子どもから聞く話だけになります。

ぜひ、**小学生になるまでに、お子さんにお母さんお父さんへお話しすることの楽しさを実感させてあげてください。**よいことはもちろん、都合の悪いことも話せるようにしておくことが大事です。子どもが、

- **叱られそう**
- **自分はダメな子だと思われそう**
- **悲しませてしまいそう**
- **どうせ、自分の話に興味なさそう**

などと感じ、話すことをためらってしまうとしたら、悲しいと思いませんか？　大事なことを見逃してしまうかもしれません。

将来、辛いことやいじめなどにあったとき、真っ先に相談される親でありたいですね。

それに比べたら、一人で起きたり、服をたたむことなんてたいしたことなさそうです。

POINT

小学校に行くまでに、
子どもがなんでも話したくなる親になろう

NG

ちゃんとできるようにならないと、小学生になれないよ！

OK

今日は園で何をするのかな？
（子どもが話しやすい会話を心がける）

こんなとき どうする!?

「赤ちゃんはどこから生まれてくるの?」の質問にはどう答える?

子どもが疑問を抱いたタイミングを逃さないで

このところ、性教育への関心が高まってきました。プライベートゾーンについてもしっかり子どもに伝えたいというお母さんお父さんの思い、とても素晴らしいと思います。

でも、**性教育を受けていない親の世代が、正しく子どもに伝えるにはどうしたらいいか。**

とても悩ましいですね。

実は5歳までに8割の子どもが、親にこう尋ねるそうです。

「赤ちゃんはどこから生まれてくるの?」

みなさんなら、何て答えますか? ありがちな親子の会話をNGマンガで見てみましょう。

突然聞かれて、お母さんも戸惑っていますね。

でもお姉ちゃんは、自分の疑問を素直にお母さんに問いかけただけです。

それなのに、親がごまかしたり、恥ずかしがったり、はぐらかしてしまうと、「この話はお母さんに聞いてはいけないんだ……」と子どもは敏感に感じ取って、それからは何も話さなくなってしまいます。

すると小学生や中学生になったときに、アダルトサイトや成人雑誌を見て、商品化された性の情報を得ることになり、偏った知識を身につけてしまう恐れがあります。

これはとても悲しいことです。子どもが疑問を抱いたタイミングを逃さずに、どうぞ本当のことを愛情いっぱいに伝えてください。OKマンガを見てみましょう。

▼はじめての性教育　3つのポイント

「赤ちゃんはどこから生まれてくるの？」

「あのね、命の穴から生まれてくるのよ」

こんな感じでしょうか。

性教育の専門家によっては、「正式名称をしっかり伝えましょう」という方もいますが、私は、まずは**子どもが知りたいことを、子どもが理解できる言葉で、丁寧に答える**ことのほうが大切だと考えています。

ポイントは次の3つです。

- 自分がどこからどんなふうに生まれてきたのかわかるように話すこと
- お母さんお父さんに聞けば、ごまかさずに本当のことを教えてくれる信頼関係を築けるように話すこと
- 子どもの知りたいタイミングを逃さずにそのときに目を見て話すこと

「後でね」は絶対になしです。**子どもが聞いてきたタイミングを逃さないようにしましょう**。そしてお子さんが生まれたとき、家族の元にやってきたときのことを話しましょう。

子どもは自分がどんなふうに迎えられたのかを聞きたいのです。例えばこんな感じでしょうか。

「ママたちのところにきてくれてありがとうね。◯◯ちゃん、なかなか出てこなくてね。会えた瞬間、すごく幸せだった。パパもカメラ片手に感動して泣いてたよ」

「最初にパパが抱っこしたの。ぎこちない手つきだったけど、一瞬でパパの顔になったのが、見ててわかったくらい。うれしかった」

さらにお話を続けましょう。

「あなたもこれから成長して、赤ちゃんができる体になる準備が始まる。だから、自分の体を大切にするのよ。他の人に触られたり、見られたりしては絶対にダメなの」
「プライベートゾーンと言ってね。命の穴、おちんちん、おしり、胸、口は、自分の大切な場所だから、自分で守るのよ。自分で触るときも、手をきれいにしてからね」

お子さんの年齢に合わせて、こんなふうにお話ししてみてください。
子どもは、真剣に聞いてちゃんと理解し、自信を深めます。

自分自身を愛おしく思い、相手を愛して受け入れ、赤ちゃんを迎えて育てる。性教育は、言い換えれば、命の教育だと思います。
まずは、愛されて、望まれて生まれてきたことを言葉にして伝えましょう。**無条件に愛されて、受け止められたこと。それを実感することで、自己肯定感も育ちます**。

帝王切開の場合は、お腹を見せながら話すのもよいですね。ただしそのとき、命の穴の話もちゃんと伝えることで、その後の性教育がつながっていきます。

▼タイミングを逃してしまっても大丈夫

もちろん、こういった質問をしてこない子もいます。またタイミングを逃してしまったケースもあるでしょう。

そういうときは、「さあ、今から話すぞ！」と親のタイミングではなく、子どもが知りたいタイミングが大事です。テレビの出産シーンやお友だちに赤ちゃんが産まれた話が出たときに、自然とお話しできるとよいですね。

私の一番のおすすめは、子どもの誕生日のタイミング。

「〇年前のこの時間に、陣痛が始まったの！　パパが慌てちゃって」

「この時間はね、急いで分娩室に行った頃ね」

こんなふうに、当時の様子を時系列に沿って、そして緊迫感を持って話すと、子どもは目を輝かせます。産まれた瞬間に、ハッピーバースデーなんて歌ったら盛り上がります！　試してみてくださいね。

POINT

性教育はまだ早いと身構えずに、自然体で本当のことを伝えよう

NG

まだ知らなくてもいいよ。

OK

（子どもに聞かれたタイミングで）あのね、命の穴から生まれてくるのよ。

こんなとき
どうする!?

これって「赤ちゃん返り」かも、と思ったら何て言う?

赤ちゃん返りは実はとても大事な行動

急に甘えてきたり、一人でできていたことを「できない」と言ってきたりすると、親としては、どうしたの?と戸惑いますね。これ、「赤ちゃん返り」かもしれません。

特に、下のお子さんが産まれると、上のお子さんに起きやすいと言われていますが、一人っ子でも、環境が変わったときに起きることがあります。

自我が発達した2~3歳で最も起こりやすいといわれていますが、小学生や、中学生で起きることも。まずはNGマンガを見てみましょう。

自分のことは自分でできていたお姉ちゃんが、急にできないと駄々をこねると、親としては、つい「できるでしょ!」と言いたくなりますね。ただでさえ下の子で手一杯なのに、上の子の相手もしないといけない状況に、イライラしてしまいます。

そもそも「赤ちゃん返り」ってなんでしょう？

赤ちゃん返りとは、「自分の存在価値の確認」。つまり、**赤ちゃんのように「何もできない自分」でも、愛されている、大切な存在であることを確認している**のだと言われています。

▼赤ちゃん返りは成長の証拠

成長するたびに、

「○○できて、ママはうれしいなあ！」

「□□になったなんて、すごいね」

とほめられて、子どもは少しずつ自分の能力に対して自信をつけていきます。

その一方で子どもは、

「何かができるから、ほめられるのかな？」

「何もできないと、どうなるのかな？」

「何もできなくても、自分は自分であり、愛されたいな」

という思いを強めていきます。

つまり、そのままの自分を認めてほしい思いの確認が、「赤ちゃん返り」という行動に表れているのです。

そしてその思いが満たされると、自己肯定感が育っていきます。

ですから**「赤ちゃん返り」を受け止めることは、自己肯定感を育てる意味で、とても大切**なのです。

次にOKマンガを見てみましょう。

▼赤ちゃん返り　3つの正しい対応

何歳になっても、子どもが必要なものを求める行動だと思って、しっかり向き合えるといいですね。赤ちゃん返りの行動には、具体的に、

- ベタベタくっついてくる
- おっぱいを触りたがる
- 下の子にするのと同じことを要求する
- 一人でできることなのに、やってと言う
- わがままや自己主張が増える
- 下の子に意地悪をする
- 反抗的、暴力的になる
- 夜泣きやおねしょをする

などがあります。

これらの行動への上手な対応方法があったら知りたいですよね？

「赤ちゃん返り」への対応のポイントは次の3つです。

① 怒らずに、しっかり向き合うこと

「お姉ちゃんなんだから自分でできるでしょ！」と怒るより、「いいよ、そのままのあなたのこと大好きよ」としっかり向き合って、子どもの思いを受けとめます。

② 甘えてきたら、できる限り応えてよい

できていたことを親にやってほしいという場合には、何か精神的な思いや原因があるので、できる範囲で応えてあげたいものです。**情緒的な要求に応えることは、いくらやっても害にはならず、大切なこと**です。ただ、子ども本人が自分でやろうと思っていることを親がやってしまうのは、過保護と言われる甘やかしで、よくありません。

③ 子どもと二人きりの時間を作る

上のお子さんにとって、これまで独占してきたお母さんお父さんを下の子に譲ることは大きな葛藤です。１日に30分でもいいので、二人きりの時間を持てるといいですね。

- **お風呂に二人で入る**
- **二人で散歩する、絵本を読む　など**

この時、せっかくの時間を有意義に過ごさねば！と肩に力を入れなくても大丈夫。何も話さなくても二人の時間が子どもの気持ちを安定させます。スキンシップを取りながらリラックスした時間を過ごしましょう。

▼うちの子は赤ちゃん返りしなかったけど大丈夫？

赤ちゃん返りしたときにもっと甘えさせてあげればよかった……と思ったお母さんお父さん。わが子は、赤ちゃん返りしなかったけど大丈夫かな？と思ったお母さんお父さん。

今からで大丈夫です。年齢が大きくなると、いわゆる赤ちゃん返りとは違う形で甘えたり、反抗的な態度を取ったりするかもしれません。

その時に「もしかしたらこれが赤ちゃん返りかな？」と受け止め、それに応えて、二人きりの時間を作ってみてくださいね。

赤ちゃん返りは、逆戻りをしたわけではなく、成長の過程だと受け止められるといいですね。

お母さんも1人で抱えず、周囲に助けてもらって、乗り切っていきましょう。

POINT

赤ちゃん返りは、心配するより、
成長していると受け止めよう

NG

お姉ちゃんなんだから
自分でできるでしょ！

OK

お姉ちゃんも
一緒にしようね。

こんなとき
どうする!?

上の子がかわいく思えない！これって親として失格ですか？

▼「上の子かわいくない症候群」という言葉もある

下の子のお世話が大変な中、上の子が反抗したり、下の子に対して意地悪したりして、嫌気が差す瞬間、ありませんか？

実はこれ、珍しいことではないのです。**「上の子かわいくない症候群」という言葉もあるくらい、多くのお母さんお父さんが悩みます。**NGマンガを見てみましょう。

前の項目でもお伝えしたとおり、赤ちゃん返りする上の子にイライラしてしまう気持ち、よくわかります。上の子なんだから大丈夫！という期待もあって、つい我慢させてしまいますね。

一般的に、**きょうだい育てでは「上の子を優先させるべき」**といわれています。でもそれがかえって、うまく優先できないお母さんお父さんを責めてしまいます。

「上の子を優先しなくちゃいけないのに、下の子に手がかかる」

「上の子を優先したら、下の子がかわいそうで、結局イライラしてしまう」

真面目なお母さんお父さんほど、落ち込んでしまう傾向があるように思います。また、この問題が悩ましいのは**「上の子をかわいく思えないこと」をなかなか相談できない**こと。

でもね。実は、ほとんどのお母さんお父さんが、同じことで悩んでいます。赤ちゃんはちっちゃくてかわいくて、守ってあげたくなるように生まれてきます。だから、**下の子を大切にするのは人間の本能**。それを邪魔する存在に思える上の子がかわいくなくなるのは、仕方のないこと。そう思えれば、自分を責める必要はなさそうです。

▼上の子を優先する育児って何？

ここで大事なのは、「上の子を優先する」をどう捉えるのか？ということ。

例えば、今回のマンガと同じことが起きたら、多くのお母さんお父さんが、弟を歩かせて、姉を抱っこしてあげること、と答えるのではないでしょうか。そしてこれが「上の子を優先する」の正解だと考えているようです。でもこれは間違い。ＯＫマンガを見てみましょう。

下の子には物理的に手がかかりますが、上の子には言葉が通じますよね。ですから**上の子の気持ちを大切にしていることを、言葉と表情で伝える**。これが「上の子を優先する」ことの本当の意味です。けっして下の子をほったらかしにすることではないのです。下の子が泣いたら、もちろん抱っこしてあやします。その際、上の子をほったらかすのではなく、「お姉ちゃんも、赤ちゃんのときにこんなふうに泣いては抱っこしたなあ。今はこんなに大きくなって、一緒に弟が泣き止むお手伝いしてくれるなんて助かる」というように、上の子の気持ちに寄り添った言葉をかけてください。上の子は「自分も大切にされているんだ」と実感できます。

そして「少しの間、我慢すること」「弟（妹）に譲ること」「お姉（兄）ちゃんとしての行動や振る舞い」「1人で遊ぶこと」「親に頼りにされる喜び」などを学んでさらに成長していけます。

するとイライラの元に思えた上のお子さんが、どんどん頼りになる存在になっていきます。

そしてかわいく思えなかった時期も、あっという間に卒業です。

▼上の子がかわいくない！と思ったらやる5ステップ

① まずは、先輩ママも通った道なのねと受け止める

② 上の子の成長を言葉にして伝える（上の子の小さかったときの写真や映像を見て、成長を実感するとより効果的）

③ 家事の負担やストレスを減らすことで、上の子に余裕をもって接する

④ 上の子を抱きしめる時間を作る（お風呂や寝る前などでもＯＫ）

⑤ お母さんお父さんが一人になれる時間を作って、子育てから離れることも大事（夫婦で交代したり、一時保育などを利用する）

ぜひ試してみてくださいね。

POINT

上の子や自分を責めるより、上の子も自分もがんばっていると声に出して認めよう

NG

お姉ちゃんなんだから我慢して！

OK

お姉ちゃん、よくがんばったね！抱っこしていい？

こんなとき
どうする!?

他の子はできるのに、わが子はできない……と思ったら？

▼比べることは、本当にいけないこと？

いけないとは思いつつ、つい子どもを比べて、叱ったり不安になったりしてしまいますよね。**でも、比べることは、本当にいけないことなのでしょうか？**

ＮＧマンガを見てみましょう。

「ひらがなを早く書けるようになってほしい」というお母さんの気持ち、よくわかります。「他の子は、もうおむつが外れたのに、**うちの子はなぜ？**」「他の子は、逆上がりできるのに、**うちの子はなぜ？**」「他の子は、静かに座っていられるのに、**うちの子はなぜ？**」

生まれたときから、子どもは比べられながら育っていきます。

子どもはお母さんお父さんが大好きなので、親が落胆した顔を見たくありません。ですから一生懸命に期待に応えようとします。でもできないと叱られて、自信を失ってしまうとしたら、逆効果ですよね。

実は、比べること自体は悪いことではありません。競走したり、ランキングで冷静に自分の力を見つめることは成長とともに必要なことです。

▼比べることのメリットもある

では、何がいけないのでしょうか。ＯＫマンガを見てみましょう。

「わが子はまだひらがなを書けない。同じ歳でもうひらがなを書ける子がいる」。

これは比較をしたからわかった事実ですね。比較することで、わが子ができない点を知ることができます。

比較そのものがいけないのではありません。問題はその後です。

比較して、できないことがわかった途端に、それに固執して、わが子を否定してしまう。

これが大きな問題です。

「なんで、あなたはできないの？」

この言葉が子どもを追い詰め、自己肯定感の成長を阻んでしまうかもしれません。

ひらがなを書けるトモちゃんも、突然書けるようになったわけではありませんね。

楽しみながら何度も書いているうちに覚えたのでしょう。

サトくんも、何度も作っているうちに上手に工作できるようになったのでしょう。

子どもの成長は、一律ではありません。

文字を書くのが好きな子もいれば、工作が好きな子、読書が好きな子、動き回るのが好きな子。**子どもの数だけいろいろな「好き」があります。**親が自分の視点だけで判断していると、わが子のよいところを見逃して、できないことばかり指摘してしまうかもしれません。

▼正しい子どもの比べ方　３つのポイント

①　わが子の好きなことや得意なことを発見する

親がひらがなに固執しているうちは「くだらないものを作ってる」としか捉えられなかった工作が、見方を変えると「発想が面白くて、手先が器用」という個性として見えてきます。

②　比較してわかったわが子ができないことは、１年後を目標にする

個性（今回は工作）を認められることで自己肯定感が育つと自信を持ち、他のこと（ひらがな）にも興味をもつようになります。苦手意識を植えつけなければ子どもは伸びます。１年後にできるようになればいいくらいの心構えで。

③　過去のわが子と比較する

どうしても比べてしまうなら、他の子とではなく、過去のわが子としましょう。人との勝ち負けで妬むより、「常に自分との競争だ」という見方ができる子に育ちます。将来、競争社会に出ても、自分に負けず努力できる子に育てたいものです。

POINT

他の子と比べて否定するより、
過去のわが子と比べて、成長を認めよう

NG

Aちゃんはできるのに、どう
してあなたはできないの!?

OK

(わが子の得意なことを見つけて)
手先が器用になったね!

こんなとき
どうする!?

ほめて育てているけど、なんだかモヤモヤ。このままでいいの？

▼子どもをほめる・子どもを叱る。実はどちらも同じ

「自分で考える子に育てるには、選択肢を与えるといいと聞いたので、「これとこれ、どっちがいい？」と聞いているのですが、「わかんないーっ！」と最近かんしゃくを起こすようになりました。**叱りたくないし、でも子どもが自分で全然考えないし、どうしたらいいのでしょう**」

選択肢を与えることはとてもよい方法です。

でも**「わかんない！」と言われたとき、子どもは何がわからないのか、みなさん、わかりますか？**　これは、ほめられて育っている子の〝あるある〟かもしれません。NGマンガを見てみましょう。

親からすると、

「好きなほうを選べばいいでしょ？　わかんないって、どういうこと？」

と思いますよね。しかも、かんしゃくを起こすほどのことかしら？と不安になります。

さて、どちらのTシャツがいいか聞かれて、子どもは一体何がわからないのでしょうか。

これは、**「どっちを答えたら、お母さんにほめてもらえるんだろう？」**と考えて、わからなくなっている可能性があります。

実は、これはほめられて育ってきたお子さんによく見られます。

かんしゃくを起こすのは、**「親の望むこと」と「自分がしたいこと」の間で揺れているから。**成長している証拠だと思って、前向きに受け止められるといいですね。

このタイミングで、お子さんがしたいことを一緒に探していける会話に変えてみましょう。

ＯＫマンガを見てみます。

▼「ほめる＝評価する」になってない？

ほめる言葉と認める言葉は、似ているようで全く違うのです。

例えば、「弟に譲って、優しい子ね」とほめると、子どもはうれしくて、もっとほめられたいという気持ちから、優しい子であろうとします。

でも本当は、「譲りたくない」とか、「これなら譲ってあげよう」など、自分の気持ちに正直に向き合って、自分の考えを育ててほしいですよね。

そのためには、親が評価するようなほめ方は避けられるといいですね。

譲ったから優しいのではなく、譲らないことが優しいこともある。

もっと言えば、**優しい子と決めつける必要もない**と思います。

「これは譲ったのね」「これは譲らないのね」

とそのままを言葉にすることで、子どもは見てもらえた、認められたと感じます。つまり
自分の判断を認めてもらえたので、自分に自信を持つのです。

その繰り返しで、親にほめられることを考えるのではなく、自分の考えと向き合えるようになっていきます。

ほめる子育てに疑問を持つ親が増えてきた

実は最近、ほめて育てることに疑問を持つお母さんお父さんが増えてきました。

「ほめれば、言うことを聞くのでとても助かるけど、子どもを操ってるみたいな気がして」

それに気づいたお母さんお父さんはすごいと思います。

ほめることはいけないことではありません。でも、ほめることで親自身の望みや価値観を、**子どもに押し付けている可能性を内省してみることも、時には大切**です。


ほめて、やらせるか。叱って、やらせるか。

これは**手段が違うだけで、実は、こちらの思いどおりにさせたい気持ちはどちらも同じ**。

ということは、「ほめる」と「叱る」に違いはないのかもしれませんね。

今日からは「認める」言葉かけにして、子どもが自分で考えるようになっていけば、選択肢にも答えられるようになるはずです。

POINT

子どもは認められることで
自分の考えと向き合えるようになる

NG

弟に譲って優しい子ね。
（好きなほうを選べばいいでしょ!?）

OK

（普段から認める言葉をかけつつ）
弟に譲ったのね。これは譲らないのね。

こんなとき
どうする!?

入学、進級……子どもが新生活を楽しめる親の言葉とは？

▼子どもを「不安にさせる言葉」「安心させる言葉」

入園や入学、転園、進級など4月はお子さんの環境も変わりますね。ワクワクする反面、ドキドキしたり、不安になることもあると思います。

スムーズに新しい環境に馴染むために親にできること、気をつけたいことを考えてみたいと思います。まずNGマンガから見てみましょう。

しっかりしてほしくて、子どもには励ます言葉をかけたくなりますよね。

でもこれはお子さんにとっては大変なプレッシャー。緊張状態であることを想像してあげてくださいね。

「うちの子はオチャラケ者で、全然緊張感がないんです」と言うお母さんもいます。でもそのオチャラケは、その子なりの不安の裏返しだと思って受け止めてください。

▼「ごめんね」と言っていませんか？

園に預けることに対して子どもに「ごめんね」と声をかけるお母さんも少なくありません。この言葉をお子さんはどう受け止めるでしょうか。

「ごめんね」という言葉は、「悪いことをして謝るときに使う言葉」と子どもは理解しています。だからお母さんが謝ると「ぼくはママに悪いことをされているんだ」と認識してしまいます。

お母さんは何も悪いことをしていません。謝るのではなく「新生活をそれぞれ楽しもうね」と前向きな言葉をかけるほうがいいですね。

▼「困ったことがあったら相談してね」がNGの理由

「困ったことがあったら、先生に言いなさいよ」もアドバイスとしては正しいのですが、まだ新しい生活を知らない子どもにとっては、「何か困ったことが起きるのかな……」と不安をあおることになりかねません。OKマンガを見てみましょう。

新しい環境に入る前のこの時期は、OKマンガのようになるべくポジティブな言葉をかけられるといいですね。

楽しいことを想像できるような言葉を選びましょう。ダンスが得意なお子さんなら、「広い遊戯室があるから、思いっきりダンスできるといいね！」

など、家ではできないこと、園だからできることなどをお話しできるとお子さんも楽しみにできそうです。

また新しく準備した物（タオルやお着替えなど）や自分の名前を書いたりした物を具体的に一緒に見て、それを使う自分を想像できるといいですね。

▼子どもの不安を想像で話さない

もし不安なことがあれば、あくまでも、自分の不安についてお話ししましょう。

例えば「ママは、新しい職場で仲よくできるか、不安なんだ」と正直に話します。

お子さんが「ママなら、大丈夫だよ！」と言ってくれれば「ありがとう！　君はすごいな」と応援できます。

「ママも不安なの？　ぼくもなんだ」と言えば「そっか、じゃあ、毎日お友だちと仲よくできたかどうかをママも言うから、教えてね」という提案をしてみるのもいいですね。

一緒にがんばる同志として、励まし合えるようになります。

新年度が始まってから、安心して本音をお母さんお父さんに話せるような土台を作っておきましょう。

プレッシャーを与えたり、不安をあおるよりも、協力者としての信頼関係を築く時期にできるといいですね。

何か心配なことがあったら、一人で抱え込まず、園や学校の先生に相談しましょう！

POINT

親の目線であれこれ言わず、
子どもの目線になって言葉をかけよう

NG

何か困ったことがあったら、
すぐ先生に言うんだよ。

OK

お友だちや先生と
何して遊ぶのかな？

こんなとき
どうする!?

子どもが仲間はずれにされていないか心配。普段からどんな言葉をかけるべき?

▼よかれと思ったアドバイスは子どもを傷つける

子どもが、仲間はずれにされていたらどうしよう。いじめられていたらどうしよう。多くのお母さんお父さんが心配しています。

この先、どんな理由でいじめに遭ってしまうのか、わかりません。ですから、何かあれば相談できる親子の信頼関係を築くことが一番です。

そのために今できることは、先回りして結論を出したり、正論を言い聞かせたりせずに、最後まで話を聞くこと。これに徹することができれば、よいことはもちろん、悪いことも親に話せるようになります。

どんな会話をすればいいのでしょうか。まずはNGマンガを見てみましょう。

仲間はずれにされたなんて聞くと、びっくりしてしまいますね。つい、「入れてって言わないとダメよ」「なんで言い返さなかったの？」などアドバイスをしたくなります。

でも、それがうまくできないから、悲しいし、悩んでいるのです。

しかも勇気を出して、「仲間に入れてもらえないこと」をお母さんに話したのに、「入れてって言えなかったの？」と非難されて、「もう、お母さんには話したくない」と思ってしまっ

たとしたら、逆効果ですね。

この先、もっと深刻な問題が発生したときに、「お母さんには話せない」「お母さんを悲しませたくない」「お母さんにダメな子だと思われたくない」と思って、話せずにいたらとても悲しいことです。

ＯＫマンガを見てください。

お母さんは、ミーちゃんの言葉を繰り返しながら、ひたすら聞きましたね。すると、ミーちゃんも安心してお母さんに少しずつ話し始めました。

親が勝手に、「仲間はずれにされた！」とか、「いじめられた！」と決めつけて、「ちゃんと言いなさいよ」と結論を出さず、**子どもが自分で結論にたどり着けるように、親は、子どもの考えを整理する役割に徹しましょう。**

▼子どもが自分で解決できるようになる6つのポイント

①　子どものサインを見逃さない

この場合のサインとは、「しゅんとしてること」です。他にも「食欲がない」「園や学校に行きたがらない」「お友だちの悪口を言う」「服が汚れている」「親を困らせる」など、小さなサインに気づけるといいですね。

②　子どもの目線に合わせる
威圧的にならないように座って、手や肩、背中などスキンシップをとりながら。

③　子どもの言葉を繰り返す
よい・悪いをジャッジせず、指示せず、言葉を繰り返す。

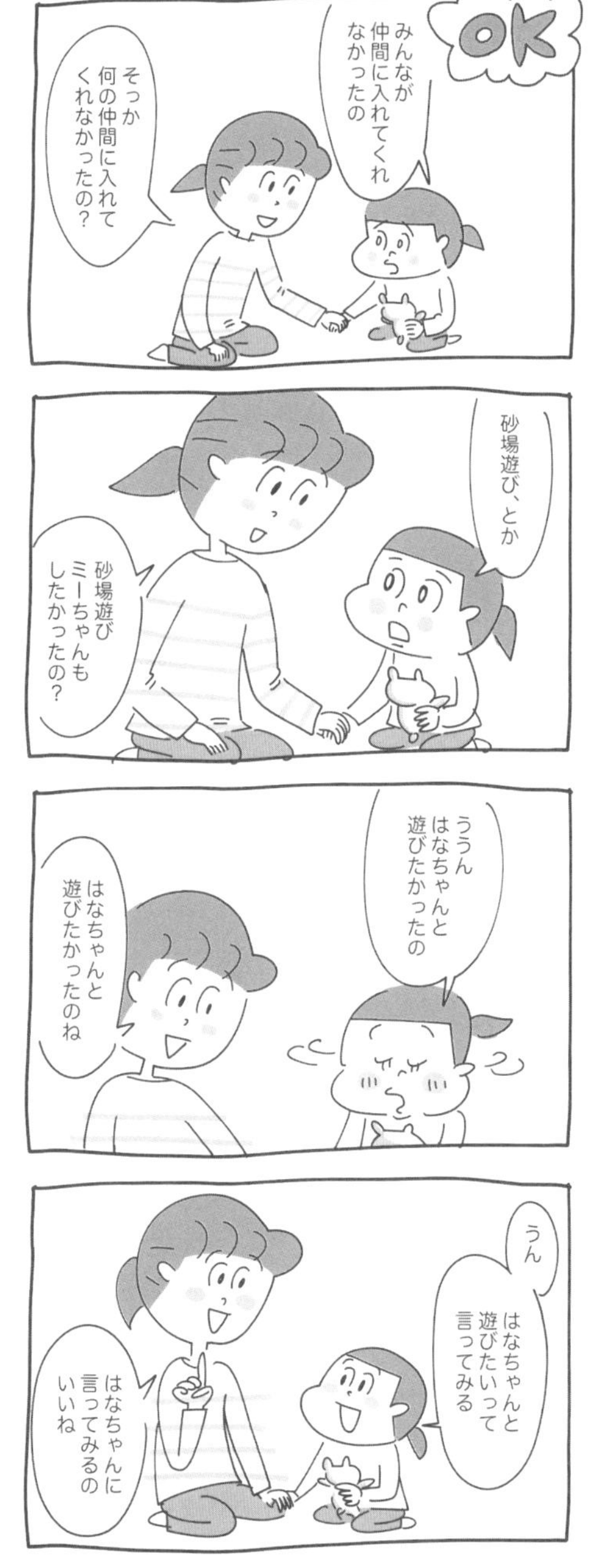

④ 言葉を足して、少し話を広げる

悲し（辛）かった理由にたどり着けるように聞いていきましょう。

⑤ 体験談を話す

話が進まないときは、親の小さい頃の同じようなときをどう乗り越えたのか体験を話すことでヒントに。

⑥ 子どもが「どうしたらいい？」と聞いてきたら「ママ（パパ）だったら、こうするかな」とお話しして、あくまで子どもの問題は自分で解決したと思えるようにする。

会話をすることで、子ども自身が考え（この場合は、何が悲しかったのか）を整理して、自力で解決できるようにしていくことが目的です。指示してさらに追いこむことはやめましょう。

解決策よりも「あなたがいてくれて、どんなにうれしいか」、つまり愛していることをしっかり伝えるほうが、子どもは勇気が出ます。そして弱気になりがちな自分と戦う力を取り戻していきます。深刻ないじめに発展する前に、親子の信頼関係を築いていけるといいですね。

POINT

アドバイスではなく、認める言葉をかけることで何でも話せる関係を作る

NG

ちゃんと言わないとだめだよ！

OK

（指示せず）

そっか、一緒に遊びたかったんだね。

こんなときどうする!?

子育てで不安になったときに、気持ちがラクになる考え方のコツは？

みんな一生懸命に子育てしている

「NGマンガと同じことばかりやっていて、反省することばかりです。もっと早く知りたかったと思い、手遅れ感が否めません。このままでは、わが子は自己肯定感の低い子になってしまうのでしょうか？　私が、これからもっとがんばればいいのでしょうか？　不安です」

こんなお悩みをたくさんいただきます。

少しでも子どもとよいコミュニケーションをとりたいと思ってくださっていること、とてもうれしいです。その思いは、お子さんにしっかり伝わっているので問題ないと思いますし、**子育てに遅すぎることはないので、今日からでも十分間に合います**。

いくつになってもやっぱり「認めてもらえたらがんばれる」と思うことがあります。

何歳になっても、誰に対しても、コミュニケーションの基礎は同じだと思いますよ。

一方で、親として、一生懸命すぎると辛くなることがありますね。どう切り替えたらいいのでしょうか。よくあるシーンをマンガで見てみましょう。

忙しい毎日の中で、丁寧に子どもを「認めていく」って大変です。親として、真面目なお母さんお父さんほど、うまくいかないと自己嫌悪に陥ってしまうことがあります。

NG

あ〜あ
今日も朝から
怒っちゃった

― 次の日 ―

やっぱり
イライラしちゃった

今日こそは怒らずに
と思ったのに

― その次の日 ―

認めることが
大切って
わかってるけど

うまく
できない

ママ見て！
ハッ、ハッ、
ウッウッ
ウッウッ
ダンゴムシ

オハヨー

― またその次の日 ―

私、どうしたらいいの！
もう無理…

私は、子どもの前で、怒ることも、泣くことも、大笑いすることも、愚痴を言うこともなんの問題もないと思っています。

ただ、**「自分1人で育てているわけではない」と気づけると、楽になる**のではないでしょうか。OKマンガを見てみましょう。

▼親のいないところでも、子どもはちゃんと成長している

お母さんは怒ったことを心配していましたが、親の知らないところで子どもたちはちゃんと認められていましたね。

こうして自己肯定感は育っています。

お母さんお父さんも、仕事に、家事に、子育てに、あまりに忙しい日々が続くと、イライラすることもあります。

子どもをうまく認められないと、自分を責めてしまうこともあります。

でもね、**子どもって、いろいろな人と関わり合って、育っていきます**。

親が怒ってしまって認められない日があったとしても、先生やお友だちやお友だちのお母さんお父さんに、認めてもらったり、ほめられたりして、自己肯定感を育てているので大丈夫です。

これが、みんなで子どもを育てていく意味だと思っています。

夏休みに、おじいちゃんおばあちゃん、親戚のおじさんおばさん、従兄弟と会って、子どもが一回りも二回りも成長するのは、こうしたいろいろな価値観に触れることで、認められる機会や視点が増えるからだと思います。

1人で抱え込んで不安にならなくても、子どもは親が思っているよりずっと賢い！　だから大丈夫！　と思えると楽になりそうです。

▼言葉かけを変えるだけで、子育てに自信が持てる

本書でNGマンガとしているのは、「この言葉かけをしたらダメですよ」と伝えたいのではなく、**OKとNGを対比してみることで、「認めることの真意」が明確に伝わればいいなと思って書いています。**

実際、「子育てがうまくいかずに、自分が悪いのかと自己嫌悪に陥っていたのですが、言葉かけを変えたら、とてもうまくいって、私が悪いのではなく、言葉かけを間違えていただけだと気づいて、子育てに自信が持てました」という声もたくさんいただきます。

みんなで一緒に、子どもを育てていきましょう。

POINT

子どもは、いろいろな人と関わって認められて育っていくので大丈夫、と信じよう

NG

私、どうしたらいいの？
もう無理……。

OK

みんなで一緒に
子育てすればいいんだな。

おわりに

答えは目の前の子どもの中にある

私の娘・こころは二十歳になりました。

私が娘を育てたというより、娘に「お母さん」として育ててもらったと、しみじみ感じています。ちなみに夫も同様、「お父さん」になれたのは、娘のおかげです。

振り返ると、皆さんにお伝えしている子どもの思いを知る会話は、全て娘から教わりました。

本書の編集担当であるディスカヴァー榎本明日香さんの9歳のお子さんが、この本の原稿を読んで、

「すごくいい本だね。ＯＫマンガのセリフ、全部正解だったよ！」

と太鼓判を押してくれました。

子どもにとって、いい言葉かけなのか？　よくない言葉かけなのか？

この問いの答えは、大人同士で結論を出すのではなく、本来は子どもから
「その言葉かけ、いいよ！」

と認めてもらうのが、正しいのかもしれません。

ですから、本で紹介したことが正解というより、答えは目の前にいるお子さんの中にあるのだと思います。


子どもを知りたい！という私の思いに賛同してご支援くださっている㈱グローバルキッズ広報の庄司勝也さん、中山通子さん、田村文さん。子どもへの愛でいっぱいです。

言葉にできない思いをマンガで見事に描き切ってくださっているとげとげ。さん。二人の子育てに奮闘中です。

そしてｎｏｔｅの連載で、思いが先走る私の文章をわかりやすく奥行きのある温かい言葉に生まれ変わらせてくださっている高橋桃子さん。言葉の達人です。

それぞれの方が、子どもを信じて、信じ切ろうと後押ししてくれて、この本ができ上がりました。言葉は、わかりあうために存在します。親の言うことを聞かせるために使うのはもったいない。子どもの心を知るために、認める言葉を尽くしていきましょう。子どもは全ての力を持って生まれてきます。親はそれを認めるお手伝いをするだけなのです。

そうそう、20年間娘を認めて育てたら、もうひとつご褒美がありました。

それは、私が料理で失敗しても、仕事でイライラしても、どんな私も認めてくれる娘に育ったこと。

子どもを認め続けると、どんな親であっても、受け止められる子に育つのだと実感できる日が必ずやってきます。

この本を読んで、未来を信じて今の子育てを楽しもう！と元気になってくださったとしたら、それは私にとって、とても幸せなことです。

2023年3月　天野ひかり

・本書は、グローバルキッズ公式ｎｏｔｅにおける連載に
加筆修正を加えて出版するものです。

購入者
限定特典

【考える子に導く
7つのステップ～小学校までに】は、
下記のQRコードから
ダウンロードできます。

URL
https://d21.co.jp/special/koekake/

ユーザー名
discover2935

ログインパスワード
koekake

子どもを伸ばす言葉
実は否定している言葉

発行日　2023年 3月25日　第1刷
　　　　2024年 5月16日　第10刷

Author　天野ひかり
Manga　とげとげ。
Book Designer　小口翔平＋阿部早紀子＋青山風音（tobufune）

Publication　株式会社ディスカヴァー・トゥエンティワン
〒102-0093
東京都千代田区平河町2-16-1 平河町森タワー11F
TEL　03-3237-8321（代表）03-3237-8345（営業）
FAX　03-3237-8323
https://d21.co.jp/

Publisher　谷口奈緒美
Editor　榎本明日香（企画協力:株式会社グローバルキッズ、note株式会社）

Sales & Marketing Company
飯田智樹　庄司知世　蛯原昇　杉田彰子　古矢薫　佐藤昌幸　青木翔平　阿知波淳平　磯部隆
井筒浩　大崎双葉　近江花渚　小田木もも　佐藤淳基　仙田彩歌　副島杏南　滝口景太郎
田山礼真　廣内悠理　松ノ下直輝　三輪真也　八木眸　山田諭志　古川菜津子　鈴木雄大
高原未来子　藤井多穂子　厚見アレックス太郎　伊藤香　伊藤由美　金野美穂　鈴木洋子　松浦麻恵

Product Management Company
大山聡子　大竹朝子　藤田浩芳　三谷祐一　千葉正幸　伊東佑真　榎本明日香　大田原恵美
小石亜季　野村美空　橋本莉奈　原典宏　星野悠果　牧野類　村尾純司　安永姫菜　浅野目七重
神日登美　波塚みなみ　林佳菜

Digital Solution & Production Company
大星多聞　小野航平　中島俊平　馮東平　森谷真一　青木涼馬　宇賀神実　舘瑞恵　津野主揮
西川なつか　野﨑竜海　野中保奈美　林秀樹　林秀規　元木優子　斎藤悠人　福田章平
小山怜那　千葉潤子　藤井かおり　町田加奈子

Headquarters
川島理　小関勝則　田中亜紀　山中麻吏　井上竜之介　奥田千晶　北野風生　徳間凜太郎
中西花　福永友紀　俵敬子　宮下祥子　池田望　石橋佐知子　丸山香織

Proofreader　株式会社文字工房燦光
DTP　株式会社RUHIA
Printing　日経印刷株式会社

ISBN978-4-7993-2935-1